Scriptor Praxis

LIANE PARADIES
HANS JÜRGEN LINSER

Differenzieren im Unterricht

Cornelsen

Die Autoren

Liane Paradies ist Gymnasiallehrerin für Mathematik und Geschichte. Sie arbeitet als freie Autorin, Trainerin und Moderatorin in der Lehreraus- und -fortbildung, ist an der Universität Oldenburg tätig und Autorin zahlreicher Veröffentlichungen zum Thema Unterrichtsmethoden.

Hans Jürgen Linser ist Realschullehrer für Kunst, Arbeit-Wirtschaft-Technik, Deutsch und Darstellendes Spiel. Er arbeitet an der Universität Oldenburg in der studentischen Ausbildung sowie in der Lehrerfortbildung und ist Autor von Veröffentlichungen zum Thema Unterrichtsmethoden.

Projektleitung: Dorothee Weylandt, Berlin
Redaktion: Daniela Brunner, Korschenbroich
Umschlagkonzept: Kerstin Zipfel, München
Umschlaggestaltung: LemmeDESIGN, Berlin
Umschlagfoto: shutterstock/dotshock
Layout / technische Umsetzung: LemmeDESIGN, Berlin

www.cornelsen.de

10. Auflage, 3. Druck 2024

Druck: Esser printSolutions GmbH, Bretten

ISBN 978-3-589-15977-2

PEFC
PEFC/04-31-2851

PEFC-zertifiziert
Dieses Produkt stammt aus nachhaltig bewirtschafteten Wäldern und kontrollierten Quellen
www.pefc.de

Inhaltsverzeichnis

1 Einleitung

1.1 Führen alle Wege nach Rom?

Der Regen klatscht gegen die Fensterscheiben der Mensa. Draußen eilen Menschen vorbei, versuchen, sich mit den aufgespannten Schirmen gegen die heftigen Windböen zu behaupten, und halten mit den Händen ihre Jacken zu. Drinnen ist es warm. Der Geruch von Kaffee und Essen verbindet sich mit der Feuchtigkeit der Jacken zu einem unangenehmen Herbstgeruch. Sehnsüchtige Gedanken an Sonne, Erinnerungen an den jetzt schon so lange zurückliegenden Sommer, und beinahe automatisch schreibt der Zeigefinger der rechten Hand das Wort ROM auf die beschlagene Fensterscheibe.

ROM, der Mund beginnt dieses Wort zu formen. Assoziationen – Via Appia, Via Aurelia, Via Augusta – werden losgetreten und mit dem Blick auf die vom Unigelände führende Straße höre ich mich sagen: „Alle Wege führen nach Rom!"

Mein Gegenüber hebt leicht die Augenbrauen: „Nicht alle, aber viele!", und rührt nachdenklich mit dem Löffel im lauwarmen Kaffee. Also, wenn nicht alle, wie es diese Aussage behauptet, die ursprünglich auf das Römische Reich und seine zentralistische Ordnung mit dem absoluten Machtzentrum Rom gemünzt war, dann aber doch viele.

Jetzt werfen wir uns gegenseitig die Bälle zu: Es gibt gerade Wege und steile, mühsam zu gehende, breite und enge Wege, auf denen die Gefahr des Abrutschens gegeben ist – und auch Sackgassen.

Gemeinsam stellen wir fest: Vielleicht reicht zur Orientierung manchmal einfach die Richtung ROM. Und was wäre dann eigentlich ROM?

„Rom ist das Ziel", kommt es von meinem Gegenüber, „und dieses Ziel kann ich auf unterschiedlichen Wegen erreichen." „Oder zumindest mich ihm nähern", setze ich hinzu und schiebe meine Kaffeetasse zur Seite. Ich habe jetzt mehr Platz für meinen Block und nehme meinen Stift zur Hand.

Auf dem Blatt entstehen konzentrische Kreise: ROM, das absolute Ziel, Vorstädte, Stadtgrenze, Zentrum. Könnte dieses Ziel – mehr im geografischen Sinne festgelegt – ein allgemeines Ziel und ein Erklärungsmodell für Differenzierung sein ...?! Schweigen. Viele Gedanken schießen durch den Kopf. Und welche Rolle spielen wir dabei – als Lehrkraft? Es ist demnach unsere Aufgabe, jeden Schüler auf seinen individuellen Lernweg zu bringen, ihn anzuleiten und zu begleiten, sodass er im Rahmen seiner ihm zur

Verfügung stehenden Möglichkeiten zu seinem Ziel innerhalb des Zielgebietes gelangt. Ihm dabei zu helfen, es selbst zu tun (MARIA MONTESSORI) und damit verbunden die Chancengleichheit für alle (KLAFKIS Forderung), Selbstverantwortung für das eigene Lernen zu übernehmen ...

„Hallo ihr, sind wir nicht pünktlich?" Mit diesen Worten setzen sich Steffi, Katrin und Kirsten zu uns an den Tisch. Wir wollen gemeinsam die nächste Seminarsitzung zum Thema „Überblick über sozialintegrative Unterrichtskonzepte" planen. Schon in der dritten These des Arbeitspapiers, das uns als Grundlage zur Vorbereitung dient, findet sich die Aussage, dass Integration ohne innere Differenzierung nicht möglich ist. „Was ist eigentlich Differenzierung?", fragen alle drei wie aus einem Mund.

Dieser gedankliche Ausgangspunkt führt zu folgender grundsätzlichen Definition:

Differenzierung in der Schule und im Unterricht begreift Individualität als konstitutive Basis und verfolgt nur ein einziges Ziel: Jeder einzelne Schüler soll individuell maximal gefordert und damit optimal gefördert werden. Das individuelle Leistungsvermögen und das Lernverhalten sind Grundlage für differenzierende Maßnahmen auf der inhaltlichen, didaktischen, methodischen, sozialen und organisatorischen Ebene.

Auf heterogene Lerngruppen eingehen

Differenzierung bedeutet die Unterscheidung, Verfeinerung, Abstufung und Aufteilung der Lerninhalte, denn Lernen ist ein ebenso komplexer wie subjektiver Vorgang. Unterschiedliche Begabungen und soziale Einbettungen und ihre damit verbundenen spezifischen Lernbedürfnisse erfordern differenzierte Unterrichtsverfahren.

Kinder sind Seismographen gesellschaftlicher Entwicklungen. Sie spiegeln uns Erwachsenen unsere eigenen Hoffnungen, Ängste und Sorgen – oftmals gar nicht kindlich – wider. So gilt es Abschied zu nehmen von der Vorstellung des „naiven" Kindes. Das gibt es schon lange nicht mehr, dass die Kinder einen vergleichbaren Wissensstand haben. Heute verfügen die Kinder durch die Nutzung vieler verschiedener Medien bereits über ein fundiertes Inselwissen.

Die Differenzierung, Individualisierung und Fragmentierung auch kindlicher Biografien ist nach Ansicht der Kinder- und Jugendpsychologie und -soziologie ein bedeutendes Kennzeichen unserer gegenwärtigen postmodernen Gesellschaft.

Homogene Lerngruppen (wenn es sie denn in der Vergangenheit je gegeben hat) findet man heute in keiner Schulform mehr, daher müssen neue äußere und insbesondere auch neue innere Differenzierungsmodelle entwickelt werden.

In der Grundschule sind innere Differenzierungsmaßnahmen selbstverständlich. Auf die Notwendigkeit, sie in der Sekundarstufe I weiterzuführen, ist in vielen Veröffentlichungen (zum Beispiel des Deutschen Bildungsrates) hingewiesen worden, aber die Umsetzung macht in der Praxis nach wie vor oft Schwierigkeiten. Argumente wie „zu zeitintensiv, hab' ich nicht gelernt, es fehlen die Materialien, die Klasse ist zu groß, es gibt dafür keine Räume …" zeigen die Hemmnisse, die den ersten Schritt verhindern.

Dabei müssen wir Lehrer entscheiden, für welchen Schüler welcher Weg der richtige ist (der mit der größten Erfolgsaussicht), welcher (Irr-)Weg verhindert werden muss und wie nah der Weg an das Ziel führen kann, denn viele, aber nicht alle Wege führen nach Rom und damit zu dem individuell bestmöglichen Schulabschluss.

In diesem Buch wollen wir – ausgehend von den drei Grundformen individualisierender, kooperativer und gemeinsamer Unterricht – Möglichkeiten aufzeigen, welche Instrumente zur Differenzierung entwickelt und eingesetzt und wie die Hemmnisse überwunden werden können.

Vor- und Nachteile der „flexiblen Differenzierung"

Immer wieder geistert das Schlagwort der „flexiblen Differenzierung" als Königsweg aus der Misere des Lernens im Gleichschritt durch die pädagogische Landschaft der Bundesrepublik. Wir sind allerdings recht skeptisch, ob der notwendige Aufwand zur Realisierung dieses Konzeptes in einem angemessenen Verhältnis zu den Resultaten steht, und möchten daher die Vor- und Nachteile dieses Konzeptes aufzeigen.

Flexible Differenzierung stellt eine Alternative zu leistungsdifferenzierten Kurssystemen dar. In einem fachlich notwendigen Wechsel von heterogenen und homogenen Leistungsgruppen entwickeln die Schüler die „geplanten" (Teil-)Kompetenzen einer Unterrichtseinheit.

Zu Beginn der Einheit werden in einer zunächst heterogenen Gruppe allen Schülern die Basiskompetenzen vermittelt. Ein Test am Ende dieser Phase diagnostiziert, welche Lernlücken bei den einzelnen Schülern auftreten. Entsprechend dieser Lernlückenermittlung werden auf drei Ebenen Kurse eingerichtet:

- Ein weiterführender Kurs für die Spitzengruppe, also diejenigen Schüler, die alle Basiskompetenzen erreicht haben und jetzt auf vertieftem Niveau komplexere Aufgaben bewältigen können.
- Ein Kurs auf mittlerem Niveau für diejenigen Schüler, die den grundsätzlichen Horizont der Thematik erkannt, aber nicht alle Basiskompe-

tenzen erreicht haben und dies nachholen und gegebenenfalls anschließend vertiefendes und komplexeres Material bearbeiten können.
- Ein reiner Wiederholerkurs für diejenigen Schüler, die die Basiskompetenzen nicht erreicht und jetzt möglichst mit veränderten Methoden und Medien einen zweiten Anlauf zur Erarbeitung der Grundkenntnisse unternehmen können.

Zum Abschluss der Unterrichtseinheit gibt es einen gemeinsamen Test, bevor es im heterogenen Klassenverband weitergeht.

Ablaufplan

Heterogene Leistungsgruppe	Basiskompetenzen (im Klassenverband)
↓	
Analyse	Lernlückenermittlung
↓	
Homogene Leistungsgruppen	auf vertieftem Niveau auf mittlerem Niveau als Wiederholungskurs
↓	
Heterogene Leistungsgruppen	Leistungsüberprüfung (Test)

Die Vor- und Nachteile dieser Differenzierungsmöglichkeit liegen auf der Hand.

Vorteile:
- individuelle Förderung der Schüler entsprechend der anfänglichen Lernstanddiagnose,
- Verwirklichung zielerreichenden Lernens,
- hohe Kursdurchlässigkeit,
- geringe schichtspezifische Auslese.

Nachteile:
- große Fluktuation in den Kursen,
- Behinderung des sozialen Lernens,
- keine Kursstabilität,
- hoher Arbeitsaufwand für den Lehrer,
- hoher Organisationsaufwand.

Nach unserer Meinung sind die Nachteile gravierender als die Vorteile:

Die hohe Fluktuation in den Kursen und die Behinderung des sozialen Lernens wiegen unserer Meinung nach schwerer als die individuelle Förderung und die schichtspezifische Auslese.

Wir haben in unseren Klassen immer wieder die Erfahrung gemacht, dass sinnvolle und nicht diskriminierende Differenzierung am leichtesten und effektivsten in stabilen Lerngruppen zu realisieren ist.

Es gibt aber noch einen zweiten Nachteil: der hohe Organisations- und Arbeitsaufwand für die Schule und den Lehrer! Die schulischen Organisationsstrukturen von der Unterrichtsverteilung und der Berechnung des Lehrerstundendeputats bis hin zum Stunden- und Raumplan müssen dem Konzept mühsam angepasst werden, und der Arbeitsaufwand für die Lehrer, die das Konzept realisieren, ist sowohl auf inhaltlicher als auch auf organisatorischer Ebene enorm hoch.

Unser Konzept dagegen fühlt sich dem Motto „small is beautiful" verpflichtet: Wir möchten in diesem Buch zeigen, wie Sie mit wenig Aufwand, ohne grundsätzliche Änderungen der Schulcurricula und ohne aufwändige Zusatzqualifikationen und Weiterbildungen mit dem „normalen Handwerkszeug" des Lehrers sinnvoll und effektiv differenzieren können.

1.2 Aufbau des Buches

Im **Einleitungskapitel** wird aufgezeigt, warum **Individualität** und **Gemeinsamkeit** sich nicht gegenseitig ausschließen, sondern sinnvoll ergänzen: einerseits Förderung von Individualität, andererseits Vielfalt in der Gemeinsamkeit. Differenzierung fördert diesen Prozess, indem sie auf unterschiedlichen Ebenen Angebote zur Kompetenzentwicklung macht und gleichzeitig der Schule eine schulpraktisch realistische Profilbildung ermöglicht.

Das **zweite Kapitel** beschäftigt sich mit der **Unterrichtsentwicklung**, dem wichtigsten Feld der Schulentwicklung, und unterscheidet nach folgenden fünf Kriterien:

- Organisationsentwicklung,
- Personalentwicklung,
- Lehrplanentwicklung,
- Unterrichtsentwicklung,
- Erziehungsarbeit.

Die Steigerung des Zufriedenheitsgefühls von Schülern (und auch Eltern) bei gleichzeitiger Neudefinition der Lehrerrolle kann nur erreicht werden, wenn die alltägliche Arbeit verbessert, d. h., der Unterricht weiterentwickelt wird. Schon immer ist die Gestaltung des Unterrichts den veränderten Rahmenbedingungen (Gesellschaft, Lernvoraussetzungen, Kompetenzen ...) angepasst worden. Als Unterrichtsentwicklung bezeichnen wir die planmäßige Ausdifferenzierung der an einer Schule praktizierten Lehr- und Lernformen zu einem von der ganzen Schule getragenen Unterrichtskonzept.

Die Grundformen des Unterrichts stellen die im Laufe der Schulgeschichte entwickelten grundlegenden Formen von Lehr- und Lernprozessen dar. Sie sind analytisch gefundene Kategorien zur theoretischen Abgrenzung der verschiedenen Inszenierungsformen von Lehr- und Lernsituationen, d. h., sie unterscheiden sich auf der analytischen Ebene deutlich voneinander (Sozialform, Rhythmisierung, Lehrerlenkung, Lernorte, Methoden, Medien ...), ergänzen sich aber andererseits im unmittelbaren Praxisvollzug zu einem ganzheitlichen Bild von Lehr- und Lernangeboten einer Schule.

Differenzierung als ein Instrument zur Weiterentwicklung unterrichtlicher Tätigkeit findet also nicht nur auf der Ebene der Theorie, sondern auch auf schulpraktischer Ebene statt. Daher werden die Vor- und Nachteile von äußerer und innerer Differenzierung vorgestellt und mithilfe des entwickelten Konzeptes kritisch hinterfragt.

Wir haben dazu ein **Schaubild** entwickelt: Das Schaubild zur Unterrichtsentwicklung ist hierarchisch von unten nach oben (oder umgekehrt) strukturiert (siehe Seite 33).

Die **Variationen der Grundformen** im **dritten Kapitel** nennen die drei Säulen des Unterrichts (in Anlehnung an Hilbert Meyers Drei-Säulen-Modell des Unterrichts). In allen Varianten werden sowohl fachliche als auch erzieherische Ziele verfolgt. Die Auflistung ist nicht mechanisch und starr zu begreifen, wir möchten zeigen und belegen, dass zwischen Erziehungszielen und jeweiliger Grundformvariation einige Affinitäten bestehen.

Die **Instrumente zur Differenzierung** können

- an die Interessen der Schüler (Neigungs- oder Wahldifferenzierung),
- an den Leistungsstand (Leistungsdifferenzierung),
- an Unterrichtsinhalte (themengleich, themendifferenziert),
- an Methoden und Medien oder
- an Sozial- und Zufallsprinzipien anknüpfen.

Sie werden im **vierten Kapitel** dargestellt.

Instrumente zur Differenzierung – auch wenn sie sich in ihrer Form unterscheiden – bringen vielfältige individuelle Kompetenzen hervor, die im Zusammenspiel mit anderen erst ihren Wert zeigen.

Die ausbalancierte Mischung der Grundformen des Unterrichts und ihrer Variationen, die Vielfalt der Instrumente zur Differenzierung, die für alle durchschaubar sind, und die wiederkehrende Rhythmisierung des Schultages führen zu einem gemeinsamen Ziel: zum integrativen Unterricht. Unterschiedlich ist nur, ob alle Schüler mit gleichen oder unterschiedlichen Inhalten zum Ziel geführt werden und mit welchen Mitteln sich das erreichen lässt. Wie kann die Schule der Zukunft aussehen, in der alle Schüler gemeinsam und doch individuell gefördert unterrichtet werden können?

Schulprofilbildung entsteht primär aus der täglichen Unterrichtspraxis und deren Weiterentwicklung. Darum sollte jede Schule durch planmäßige Unterrichtsdifferenzierung möglichst viele unterschiedliche Schüler ansprechen, um so ihre Kompetenzen und ihr Wissen zu erweitern und sie gemeinsam zu erziehen.

Im **Nachwort** klingt unsere Assoziation über Rom und die vielen Wege dorthin aus.

1.3 Individualität und Gemeinsamkeit

Das Organisationsmodell der heute verbreiteten Schulform stammt aus dem 16. Jahrhundert, aus einer Epoche, in der die Jahrgangsklasse „erfunden" wurde (Comenius 1592–1670). Damals war das ein gewaltiger Fortschritt, denn die Einrichtung von festen Jahrgangsklassen mit dem Prinzip des Fachunterrichts bildete eine der Voraussetzungen für die Einführung der flächendeckenden allgemeinen Schulpflicht in Deutschland im 19. Jahrhundert. Die Schulpflicht führte zur Ausformung des Frontalunterrichts und zu differenzierten Formen der Leistungsbeurteilung. Ihr Ziel zumindest in der sogenannten „Volksschule" war die Unterrichtsversorgung großer Schülermassen mit möglichst gleichen, elementaren Kenntnissen und Fähigkeiten.

Heute sind individualisierende Lehr- und Lernkonzepte eine Antwort auf die Heterogenität in den Klassen, die durch Faktoren bedingt sind wie unterschiedliche Leistungsvoraussetzungen, kulturelle Unterschiede, verschiedene Interessen, Vorwissen oder Lernstrategien. Von der Groeben zeigt unterschiedliche Möglichkeiten auf, dass auf die Heterogenität mit unterschiedlichen Angeboten im und außerhalb des Unterrichts reagiert werden kann:

„[…] durch Differenzierung im Unterricht, durch Wahlangebote, durch außerschulische Lerngelegenheiten und durch individuelle Fördermaßnahmen. Der Begriff Individualisierung hingegen impliziert bereits eine einschränkende Zweckbestimmung: das bessere Eingehen auf die besonderen Fähigkeiten und Bedürfnisse der Einzelnen im Unterricht" (von der Groeben 2008, 40 f.).

Differenzierung ist also eine Reaktion auf die Unterschiedlichkeit von Schülerinnen und Schülern. Im Gegensatz zu individualisierendem Unterricht, bei dem die Lernangebote auf den Einzelnen zugeschnitten werden bzw. von ihm selbst gewählt werden können, meint innere Differenzierung oder **Binnendifferenzierung,** dass die differenzierten Aufgaben auf mehrere Lerner oder Untergruppen zugeschnitten sind und in einer gemeinsam unterrichteten Klasse oder Lerngruppe vorgenommen werden (vgl. Kunze 2008, 18).

Binnendifferenzierung zielt auf mehrere Lerner

Äußere Differenzierung hingegen zielt auf die Aufteilung von Lerngruppen zum Beispiel nach Leistungsstand oder Interessen bei der Wahl von Modulen sowie durch jahrgangsübergreifende Angebote. Individualisierung kann aber durchaus als radikalste Form der Differenzierung gesehen werden.

1.4 Differenzierung und Inklusion

Differenzierung wird verstanden als Sammelbegriff für alle didaktischen, methodischen und organisatorischen Maßnahmen, die im Unterricht innerhalb einer Lerngruppe (insbesondere von der Lehrkraft) getroffen werden können, um der Unterschiedlichkeit der Lernenden – vor allem im Blick auf ihre optimale individuelle Förderung – gerecht zu werden.

Differenzierung soll:

- das Lernen effektiver machen, indem es stärker auf die individuellen Lernvoraussetzungen und Interessen der Schüler zugeschnitten wird,
- den Unterricht inhaltlich reicher machen, indem nicht nur die eine, im Plenum entwickelte Sichtweise, sondern vielfältige Perspektiven auf ein und dasselbe Thema erarbeitet werden,
- durch die individuelle Schwerpunktbildung der Schüler eine nicht nur fachliche Spezialisierung in verschiedenen Leistungsgebieten ermöglichen,
- durch eine pädagogisch sinnvolle Gruppenbildung das soziale Lernen und die Teamarbeit fördern.

Damit Differenzierung nicht in Methodenvielfalt um ihrer selbst willen abdriftet, benötigen wir eine genaue Bestimmung, welche Unterschiede der Lernenden für eine kompetenzorientierte Unterrichtsplanung und -gestaltung von Bedeutung sind. Im jeweiligen Unterricht ist damit eine große Herausforderung verbunden, wenn die Steuerung des Lernprozesses durch Festlegung von Zielen, die Diagnose der Lernvoraussetzungen, die Bereitstellung von Lernangeboten, individuelle Förderplanung, die Lernbegleitung im Prozess und die Überprüfung der individuellen Ergebnisse jeweils in der alleinigen Verantwortung der Lehrkraft liegen. Deshalb ist es naheliegend, über die Einbeziehung der Schüler nachzudenken.

Dies funktioniert aber nur wie auch Helmke (2/2013, 36) herausstellt, wenn die Schüler grundlegende Kompetenzen zum eigenständigen und kooperativen Lernen erlangen, „weil die Lehrperson nur so während des Unterrichts Zeitfenster schaffen kann, in denen sie sich einzelnen Schülern zuwendet, die individuell unterstützt werden müssen, und Einblick in den individuellen Lernprozess nimmt."

Im individualisierenden Unterricht benötigen die Schüler Raum für ihre eigene Kompetenzentwicklung, verbunden mit diagnostisch fundierter Rückmeldung, Ermutigung, Beratung und bedarfsgerechter Unterstützung durch die Lehrperson. Der Umgang mit grundlegenden Methoden des selbstständigen und eigenverantwortlichen Lernens und die Selbstreflexion (Selbstbeobachtung des Lernens) sind die Basis für das Gelingen schülergesteuerter Differenzierung.

Inklusion ist im differenzierten Unterricht eine konkrete und komplexe Idee: „Inklusion beginnt bei der Wahrnehmung von Unterschieden zwischen Schülern. Ein inklusives Verständnis von Unterricht und Lernen baut auf diese Unterschiede und kann tiefgreifende Veränderungen dabei bewirken, was im Klassenraum, im Lehrerzimmer, auf dem Schulhof und in der Beziehung zu Eltern geschieht." (Boban/Hinz 2003, 11)

Inklusion ist klar, was die Anforderungen angeht: „Inklusive Pädagogik nimmt Kinder und Jugendliche als ganze Person wahr. Dies ist in Frage gestellt, wenn Inklusion nur auf einen Aspekt von Schülern bezogen wird wie eine Beeinträchtigung oder Deutsch als Fremdsprache." (ebenda)

Was ist das Besondere an der Idee der Inklusion, die sie von anderen Konzepten trennt?

„Während die integrative Pädagogik die Eingliederung der ‚aussortierten' Kinder mit Behinderungen anstrebt, erhebt die inklusive Pädagogik den Anspruch, eine Antwort auf die komplette Vielfalt aller Kinder zu sein. Sie tritt ein für das Recht aller Schüler und Schülerinnen, unabhängig von ihren Fähigkeiten oder Beeinträchtigungen sowie von ihrer ethnischen, kulturellen oder sozialen Herkunft miteinander und voneinander in ‚einer Schule für alle' zu lernen. [...] Im Gegensatz zur Integration will die Inklusion nicht die Kinder den Bedingungen der Schule anpassen, sondern die Rahmenbedingungen an den Bedürfnissen und Besonderheiten der Schülerinnen und Schüler ausrichten." (Schumann 2/2009, 51–53)

Welche Konsequenzen lassen sich daraus für den inklusiven Unterricht ableiten?

Zeigt sich schon eine große Nähe zwischen den Grundgedanken der Konzepte, wird sie mit dem Blick auf die Anforderungen an den Unterricht noch deutlicher. Arndt/Werning (2015, 513) nehmen die Erfahrungen aus den integrativen Settings auf und fokussieren auf den Umgang mit Heterogenität. „Im Sinne der Anpassung des Unterrichts an die Schüler und ihre individuellen Bedürfnisse und Lernvoraussetzungen erscheint ein hohes Maß an Adaptivität und Individualisierung [...] für inklusive Lerngruppen unabdingbar." Sie filtern aus der Literatur und den Forschungen folgende spezifische Aspekte heraus:

- Curriculums- und systembezogene Diagnostik
- Kooperative Lernformen
- Individuelles bzw. häufiges und informationshaltiges Feedback
- Kommunikation der Unterrichtsziele und Erfolgskriterien
- Formatives Assessment
- Vermittlung und Anwendung von kognitiven Strategien
- Direkte Instruktion

Prengel (vgl. 2011) (fasst die mittlerweile recht umfassende Diskussion zusammen und formuliert sieben Thesen zu den Qualitätsanforderungen inklusiven Unterrichts, wohl wissend, dass diese keine Wirklichkeitsbeschreibungen sind. Sie könnten aber allgemeine Gültigkeit beanspruchen:

1. Inklusiver Unterricht beruht auf einer Halt gebenden und responsiven Lehrer-Schüler-Beziehung.
2. Im inklusiven Unterricht werden respektvolle Peer-Beziehungen gepflegt.
3. Zum inklusiven Unterricht gehört eine differenzierende Didaktik, die individualisierungsfähige gestufte Standards und Offenheit für die Themen der Kinder und Jugendlichen kombiniert.
4. Im inklusiven Unterricht werden didaktische Materialien angeboten, die Differenzierung ermöglichen.
5. Im inklusiven Unterricht wird eine pädagogische Diagnostik praktiziert, die im Sinne des Assessments for Learning auch Selfassessment und Peerassessment einschließt.
6. Im inklusiven Unterricht wird ein mehrperspektivischer Leistungsbegriff angewendet.
7. Im inklusiven Unterricht kooperieren multiprofessionelle Teams.

Aus der Differenzierung ist ein großes methodisches Repertoire erwachsen und über die Jahre erprobt worden. Auf dieser Basis lässt sich die Frage leichter angehen, wie die Verantwortung der Schüler gestärkt werden kann und sie aktiv in die Steuerung der Lernprozesse eingebunden werden können.

2 Unterrichtsentwicklung als Kern der Schulentwicklung

2.1 Schulentwicklung

So wie schon immer die Qualität des konkret stattfindenden Unterrichts letztlich auch die Qualität jeder einzelnen Schule ausmacht, ist die von den Kultusministern eingeforderte Schulentwicklung hauptsächlich als qualitative **Verbesserung der Unterrichtskultur** zu begreifen. Eine so begriffene Schulentwicklung setzt sich aus fünf Feldern zusammen:

- Organisationsentwicklung,
- Personalentwicklung,
- Entwicklung des Schulcurriculums,
- Unterrichtsentwicklung und
- Erziehungsarbeit.

Der Schwerpunkt dieses Buches liegt eindeutig auf dem Bereich Unterrichtsentwicklung, die drei ersten Aspekte bilden gewissermaßen die notwendigen Bedingungen, die in den nächsten Abschnitten dieses Kapitels kurz analysiert werden.

Organisationsentwicklung ist das bewusst herbeigeführte Verflüssigen, Erneuern und wieder Festigen der Organisationsstruktur einer Schule. Sie dient der planvollen Gestaltung und Erneuerung der sozialen Architektur der Schule unter gemeinsamen pädagogischen Leitvorstellungen der Beteiligten.

Arbeitsbereiche der Organisationsentwicklung sind zum Beispiel die Teamentwicklung, die Einrichtung von Steuer- und Planungsgruppen, die Demokratisierung der Schulleitungsstrukturen, die Verbesserung der Informationsflüsse und die Wiederbelebung der Konferenzarbeit.

Personalentwicklung ist die Vertiefung und Erweiterung persönlich-beruflicher Handlungskompetenz auf der Grundlage eines ausformulierten Berufsleitbilds. Sie bezieht sich auf die Standard- und die Entwicklungsaufgaben einer Schule. Sie dient dem planvollen Einsatz, der Gesunderhaltung und gegebenenfalls der Ergänzung des vorhandenen Personals.

Für die Personalentwicklung müssen folgende Hilfen und Instrumente entwickelt werden:

- Instrumente der Personalauswahl (zum Beispiel „schulscharfe Ausschreibungen“),
- Instrumente der Beratung und Kontrolle (Einzel- und Teamberatung, Mitarbeitergespräche, Supervision),

- Instrumente der Qualifizierung und Weiterbildung (Qualitätszirkel, schulinterne und -externe Fort- und Weiterbildung).

Die Entwicklung der **Schulcurricula** nimmt einen immer größeren Raum ein. Ausgehend von den Bildungsstandards und den Bildungsplänen (Kerncurricula) hat jede Schule (im Zuge der Eigenständigkeit) die Aufgabe, schulspezifische Curricula zu entwickeln. Sie bilden die Basis für jede Form von Unterrichtsentwicklung und die Kollegien nutzen sie als Grundlage zur Entwicklung von Lernplänen (Kompetenzrastern, Arbeitsplänen u. v. m.).

Schulen lassen sich heute nicht mehr über einen Kamm scheren, sondern die Einbeziehung des sozialen Umfeldes und der Stellenwert der Schule innerhalb einer lokalen Schullandschaft stellen wichtige Faktoren für die Gestaltung eines eigenständigen Konzeptes dar.

> Folgende Arbeitsdefinition verdeutlicht diese Entwicklung:
> **Schulentwicklung** bezeichnet den Prozess der Profilbildung einer Einzelschule durch Selbstorganisation (vgl. Meyer 1997).

Mehr Schulautonomie

Die Gewährung von mehr Schulautonomie ist kein Gnadenakt der Schulaufsicht, sondern eine zwingende Konsequenz der komplizierter gewordenen Arbeit vor Ort.

Schule definiert sich nicht zuletzt durch das Versprechen, die Schüler für die zukünftige Gesellschaft und seine eigene Persönlichkeitsentwicklung auszubilden, und sie bezieht ihre Kraft und Dynamik aus diesem in sich widersprüchlichen Versprechen, denn jeder Unterricht, jede didaktische und methodische Entscheidung enthält im Kern die Vorstellung der künftigen Selbstständigkeit und Selbstverantwortung der Schüler.

2.2 Lehrerrolle

Begriffe wie Lernbegleitung, Lernberatung und Coaching im Kontext der Unterrichtsentwicklung dokumentieren, dass Lehrerinnen und Lehrer nicht mehr nur als Vermittler oder Vorgebende gefragt sind, sondern ihr Rollenverständnis umfassender definieren müssen. Kompetenzorientierung, Selbststeuerung und Förderung im Unterricht verlangen ein **erweitertes Aufgabenverständnis** und **neue Tätigkeitsschwerpunkte**.

Für viele Lehrerinnen und Lehrer wird ein Umdenken unumgänglich sein. Der Wandel, auf den sich Lehrerinnen und Lehrer einlassen, ist zwar nicht so offen sichtbar – aber tiefgreifend. Und er vollzieht sich gleichzeitig auf verschiedenen Feldern.

Von den Lehrerinnen und Lehrern wird erwartet, dass sie kompetenzorientiert Unterricht planen und durchführen. In der mittlerweile zur Formel gewordenen Aufforderung, „vom Ende her zu denken“, ist die Entwicklung skizziert, die vor allem die Planung von Lernsequenzen im Kleinen (Unterrichtseinheiten) wie im Großen (Curriculum) betrifft. Es geht nicht mehr vornehmlich darum, aus interessanten und wichtigen Themen oder Anlässen einen Unterrichtsprozess und daraus Ziele zu entwickeln. Schülerinnen und Schüler brauchen konkrete Anforderungssituationen, in denen sie ihr Wissen und ihre Fähigkeiten zeigen können. Die neue Herausforderung liegt darin, **Lernsituationen so zu arrangieren**, in denen das auch tatsächlich möglich ist.

Dem Anspruch individueller Förderung – in der Praxis eng verbunden mit der Kompetenzorientierung – können Lehrerinnen und Lehrer mit der Entwicklung der Unterrichtsorganisation und einer geschickten Klassenführung gerecht werden. Welche Formen der Differenzierung, des Forderns und Förderns gewählt werden, hängt auch von den Daten ab, die in der Diagnose gewonnen werden. Sie verstärken die Komplexität der Entwicklungsaufgabe. Das zentrale Ziel lautet, die Möglichkeiten zur Selbststeuerung und zur Übernahme von Mitverantwortung im Lernprozess zu erhöhen. Darin liegt gleichzeitig die Chance, sich im Unterricht die Freiräume zu verschaffen, die nötig sind, um einzelne Schülerinnen und Schülern gezielt zu beraten.

Sieben Bausteine der Lehrerarbeit

Auf die konkreten Anforderungen kompetenzorientierten Unterrichtens hat Hilbert Meyer seine Betrachtung der Lehrerarbeit ausgerichtet und sieben Bausteine formuliert, aus denen ein modernes Verständnis der Lehrerrolle aufgebaut werden könnte:

1. Eine Lehrperson, die kompetenzorientiert unterrichtet, übt sich im genauen Beobachten der Schülerinnen und Schüler. Sie strengt sich insbesondere an, die basalen Stufen der Kompetenz- und Anforderungsbereiche genau zu analysieren, um den leistungsschwächeren Schülern gezielt helfen und den leistungsstärkeren gezielt Freiräume für selbst reguliertes Lernen geben zu können.
2. Sie entwickelt eine kognitiv und sozial aktivierende Aufgabenkultur, in der die Schüler auf unterschiedlichen Kompetenzstufen arbeiten können.
3. Sie sorgt für einen am Lehrplan orientierten systematischen Wissensaufbau. Sie fördert das vernetzte Lernen und sorgt so dafür, dass die Schüler ihr Vorwissen einbringen und sinnvolle Anwendungsbezüge herstellen können.
4. Sie entwickelt unterrichtliche Differenzierungsstrategien, die an die ermittelten Kompetenzniveaus anknüpfen und ihnen Angebote zum Erklimmen der nächsthöheren Kompetenzstufe machen.

5. Sie hat einen ganzheitlichen Bildungsbegriff und bemüht sich, Lernsituationen zu schaffen, in denen die Schüler nicht nur Fachwissen ansammeln, sondern Verantwortung übernehmen und ihre Methoden- und Sozialkompetenzen entwickeln können.
6. Sie fördert die Metakognitionen der Schüler. Das bedeutet konkret, dass sie eine Reflexions-, Gesprächs- und Feedbackkultur entfaltet, in der sich die Schüler ihrer neu erworbenen Sach-, Methoden-, Sozial- und Selbstkompetenzen bewusst werden können und die Themen und Aufgabenstellungen als persönlich sinnstiftend erleben.
7. Sie kontrolliert die Lernergebnisse kompetenzstufenbezogen. Sie hakt nach, wenn die erhofften Ergebnisse nicht erreicht wurden, und freut sich, wenn höhere Stufen erreicht wurden als gedacht (vgl. Meyer 2007).

2.3 Unterrichtsentwicklung

Unterrichtsentwicklung bezeichnet unter anderem die planmäßige Ausdifferenzierung der an einer Schule praktizierten Lehr- und Lernformen zu einem von der ganzen Schule getragenen Unterrichtskonzept.

2.4 Unterrichtskonzepte

Unterrichtskonzepte zählen sachlogisch zu den Handlungsmustern. Dieser Begriff bezeichnet Strukturen der unterrichtlichen Aneignung eines Themas. Handlungsmuster haben eine äußere Formalstruktur, die sich planen und während der Realisierung beobachten lässt, d.h., sie sind auf einer mittleren Abstraktionsebene angesiedelt – zwischen den konkreten Inszenierungstechniken und Unterrichtsritualen und der grundlegenden didaktischen Reflexion. Sie sind nicht auf bloße Interaktionsrituale reduzierbar, sondern haben eine im weitesten Sinn teleologische Struktur, d.h., sie beziehen sich auf die zielgerichtete inhaltliche Arbeit an einem Thema.

2.5 Grundformen des Unterrichts

Unterricht wird in einer bunten Palette unterschiedlicher Erscheinungsformen praktiziert. Um eine Struktur oder theoretische Ordnung in die Formenvielfalt von Unterricht zu bringen, schlagen wir vor, drei Grundformen des Unterrichts zu definieren:

Grundformen des Unterrichts:
- individualisierender Unterricht, der überwiegend aus selbst organisierten Lehr- und Lernsituationen besteht,
- kooperativer Unterricht, der überwiegend gemeinsam organisierte Lehr- und Lernsituationen umfasst,
- gemeinsamer Unterricht, in dem überwiegend frontale Lehr- und Lernsituationen vorkommen.

Der reale Unterricht ist dann eine fantasievolle Variation dieser Grundformen. Grundformen des Unterrichts sind didaktische Erfindungen zur Inszenierung von Lehr- und Lernsituationen. Sie grenzen sich methodisch, zeitlich, sozial und räumlich voneinander ab:

- durch die unterschiedliche Bevorzugung bestimmter Sozialformen (Frontalunterricht; Gruppen-, Partner- und Einzelarbeit) und Handlungsmuster (Vortrag, Gespräch, Experiment, Spiel ...),
- durch einen unterschiedlichen zeitlichen Rhythmus (Lektionenunterricht, Epochenunterricht, Ad-hoc-Unterricht ...),
- durch ein unterschiedliches Maß von Lehrerlenkung und Schülerselbsttätigkeit (gelenkt, selbst organisiert, gemeinsam ...) und
- durch die unterschiedliche Gestaltung des Lernortes und der eingesetzten Medien.

Stärken und Schwächen der Grundformen

Jede Grundform hat ihre spezifischen Stärken und ihre schwachen Seiten: **Individualisierender Unterricht** steht für selbst organisiertes und selbstverantwortetes Lernen. Er ist gut geeignet, um individuelle Lernschwerpunkte und Kompetenzen herauszubilden. Die Wissensvermittlung folgt stärker als je zuvor einem Individuallehrplan für jeden Schüler.

Zusätzliche, aufwändige Differenzierungsmaßnahmen von Seiten des Lehrers sind im Regelfall nicht notwendig, die Individualisierung und die Spezifizierung erfolgen gleichsam automatisch aufgrund der Interessen und Kompetenzen jedes einzelnen Schülers, der sich aus den vorgegebenen Inhalten dasjenige heraussucht, das er unter Einsatz der eigenen methodischen Fähigkeiten bearbeiten möchte.

„Learn to be" steht bei dieser Grundform des Unterrichts eindeutig im Vordergrund, ohne dass die Sach- und Methodenkompetenz vernachlässigt würden. Lediglich der soziale Aspekt („Learn to live together") wird hier eher stiefmütterlich gefördert.

Kooperativer Unterricht erlaubt solidarisches Handeln und bietet Erfahrungen in der Team- und Gruppenarbeit. Er vermittelt Handlungskompetenz und Selbstwertgefühl. Im kooperativen Unterricht erfolgt die Differenzierung durch Bildung von Gruppen nach unterschiedlichen didaktischen, methodischen, pädagogischen oder pragmatischen Prinzipien.

Die Entwicklung von Kooperationsfähigkeit (inzwischen eines der wichtigsten Einstellungskriterien vieler Betriebe) ist der zentrale Pfeiler des kooperativen Unterrichts, die Forderung nach „Learn to live together" steht hier eindeutig im Vordergrund, ohne dass die drei anderen Ebenen ausgesperrt wären.

Gemeinsamer Unterricht ist gut geeignet, um Sach-, Sinn- und Problemzusammenhänge aus der Sicht des Lehrenden zu vermitteln und dadurch Sach- und Fachkompetenz der Schüler aufzubauen. Im gemeinsamen Unterricht erfolgt die Differenzierung durch den Lehrer nach didaktischen Kriterien wie Lerninteresse, Lernbereitschaft, Lerntempo und Lernstil.

Die Möglichkeiten des gemeinsamen Unterrichts entfalten sich in erster Linie unter dem Aspekt „Learn to know“: Die Dialektik von Eigenarbeit und Führung durch den Lehrer – fokussiert durch die Technik des entwickelnden Fragens von beiden Seiten – ist das Fundament für die Entwicklung des Wissens und der Fähigkeiten zum Lernen.

2.6 Differenzierungsebenen

Differenzierung in der Schule findet nach unterschiedlichen Strukturprinzipien statt. Strukturieren bedeutet, Ordnung in die natürlich bestehende Heterogenität der Lernenden zu bringen.

1. Ebene: die äußere Differenzierung
- Schulform
- Schulprofil
- Jahrgangsklasse

2. Ebene: die innere Differenzierung
- Schulorganisatorisch
- Didaktisch

Ordnung schaffen bezeichnet im umgangssprachlichen wie im wissenschaftlichen Sinn nichts anderes als das Vorhaben, die vielen Individualitäten in ein System zu bringen, das übergeordnete Gesichtspunkte und Gemeinsamkeiten enthält.

Der Ordnungschaffende muss abstrahierend vorgehen, indem er zum Beispiel klassifizierende Eigenschaften von unwichtigen trennt.

Das einfachere Strukturprinzip ist das der äußeren Differenzierung: Nach (relativ) willkürlichen Kriterien wie Alter, Geschlecht und Interessen werden Lerngruppen gebildet, voneinander isoliert und fortan als homogen hinsichtlich dieses Kriteriums betrachtet.

Das Prinzip der inneren Differenzierung setzt erst nach der Konstitution dieser Lerngruppen ein. Es zweifelt die behauptete Homogenität hinsichtlich des Leistungsstandes an und hat zum Ziel, innerhalb der jeweiligen Lerngruppe den verschiedenen Individualitäten möglichst gerecht zu werden.

Ebenen der äußeren Differenzierung

Äußere Differenzierung ist durch die kulturellen und bildungspolitischen Traditionen unserer Gesellschaft weitestgehend vorgegeben und individuell kaum zu verändern – sie wird deshalb in diesem Buch lediglich als unverändert bleibende Rahmenbedingung begriffen und hier nur der Vollständigkeit halber erwähnt.

1. Differenzierungskriterium Schulform

Damit ist gemeint: die Zuweisung der Schüler zu den verschiedenen Schulformen analog zu ihrer (vermuteten) Leistungsfähigkeit und die Bildung von homogenen Lerngruppen. In allen Bundesländern der BRD werden nach Verlassen einer integrativen Grundschule die Schüler in die verschiedenen Schulformen selektiert.

2. Differenzierungskriterium Schulprofil

Hier besteht für die Schüler analog zu ihren unterschiedlichen Neigungen, Interessen und Fähigkeiten eine Auswahlmöglichkeit. Im Bereich der allgemeinbildenden Schulen zum Beispiel wird nach den Bereichen musisch/künstlerisch, alt-/neusprachlich, mathematisch/naturwissenschaftlich, konfessionell gebunden, bilingual usw. differenziert, im berufsbildenden Bereich nach den Ausrichtungen kaufmännisch/wirtschaftlich, technisch, künstlerisch und sozial.

3. Differenzierungskriterium Jahrgangsklasse

Comenius führte im 17. Jahrhundert die Aufteilung der Schüler innerhalb einer Schule nach Alter ein. Seitdem bildet man Jahrgangsklassen sowie entsprechende Kurse, Arbeitsgemeinschaften, Wahlpflichtkurse und Fördergruppen.

Ebenen der inneren Differenzierung

Der Inhalt dieses Buches bezieht sich auf die Ebenen der inneren Differenzierung, denn diese sind weder durch bildungspolitische Vorgaben noch kulturelle „Versteinerungen" geprägt, sondern offen, dynamisch und – der wichtigste Aspekt – von jedem Lehrer individuell gestaltbar.

Innere Differenzierung bzw. binnendifferenzierender Unterricht ist eine interne Aufteilung einer Lerngruppe mit dem Ziel, die Kleingruppen im Rahmen der Ergebnissicherung wieder zusammenzuführen.

Innere Differenzierung passt die Unterrichtsinhalte und die Lernarrangements individuell oder gruppenspezifisch an:

- lernspezifische Voraussetzungen der Schüler/innen wie Entwicklungsstand, Lernvoraussetzungen, Leistungsfähigkeit, Selbstständigkeit (didaktische Differenzierung),
- pädagogische, didaktische, methodische, soziale oder pragmatische Prinzipien (schulorganisatorische Differenzierung),
- Interessen, Kompetenzen und Lernbedürfnisse der Schülerinnen und Schüler (Interessen- und Wahldifferenzierung).

Planmäßige Ausdifferenzierung der an einer Schule praktizierten Lehr- und Lernformen

Differenzierung durch Lernpläne:	Differenzierung durch Gruppenbildung nach:	Differenzierung nach:
• Kompetenzraster, Checkliste • Arbeitspläne • Themenpläne • Lernlandschaften	• Organisation/Zufall • Lernvoraussetzungen • Sozialformen • Methoden/Medien • Inhalten • Zielen	• Aufgaben • Lerntypen • Materialien/Medien • Methoden (Lerntipps, Infos)
Interessen-/ Wahldifferenzierung	Organisatorische Differenzierung	Didaktische Differenzierung
Individualisierender Unterricht	**Kooperativer Unterricht**	**Instruierender Unterricht**
Grundformen des Unterrichts		

Haus der Differenzierung

Unsere Erfahrung zeigt, dass ein vom Kollegium einer Schule gemeinsam verabredetes **Differenzierungscurriculum** (wie zum Beispiel auch Methodencurricula, Förderkonzepte) im Regelfall allen Schülern und Schülerinnen gerecht wird und zu einer hohen Akzeptanz bei Schülern und Eltern führt. Ein systematischer Aufbau über die Jahrgänge verbunden mit einem hohen Wiedererkennungswert bei den Schülern führt zu einem ebenfalls systematischen und selbst verantworteten Kompetenzaufbau bei den Schülern.

Die Dokumentation dieser planmäßigen Ausdifferenzierung (hohe Transparenz) gelingt am besten in Jahresplänen, die für alle Eltern und Schüler veröffentlicht werden. Die Formen der Differenzierung sind entsprechend der zu behandelnden Themen unter den Kollegen und innerhalb der Jahrgänge verabredet und festgehalten.

Eine Ausbalancierung der drei Formen der Differenzierung berücksichtigt in optimaler Wiese die unterschiedlichen Schülertypen und führt zu einem größeren individuellen Lernerfolg bei den Schülern. Außerdem wird durch die Drittelung die Arbeitsbelastung in der Vor- und Nachbereitung für den Lehrer nicht erhöht.

Bei der didaktischen Differenzierung ist der Arbeitsaufwand durch die individuellen Aufgabengestaltungen sehr hoch, bei der Interessen- und Wahldifferenzierung eher niedrig, da die Schüler durch unterschiedliche Schwerpunkte ihre eigenen Themen wählen. Die drei Differenzierungsformen grenzen sich, wie im Folgenden beschrieben, voneinander ab.

Schulorganisatorische Differenzierung

Auf dieser Ebene kann jeder Lehrer die Schüler seiner Lerngruppe entsprechend der Unterrichtssituation nach bestimmten Kriterien zu situativ wechselnden Gruppierungen zusammenfassen, wobei das Schulcurriculum und die Persönlichkeit des unterrichtenden Lehrers selbstredend sowohl Präferenzen als auch Grenzen festlegen. Dennoch sind grundsätzlich die folgenden Differenzierungsmöglichkeiten einsetzbar.

1. Differenzierung nach Organisation und Zufall

- Aus organisationstechnischen Gründen bleiben die Schüler auf ihrem Platz sitzen und bilden so arbeitsfähige Gruppen.
- Die Unterrichtssequenz ist so kurz, dass die Aufteilung in gleich große Gruppen nach dem „Abzählprinzip“ erfolgt (Gleichverteilung).
- Das Auslosen oder Auswählen bestimmter Farben, Streichhölzer oder Karten ergibt immer wieder eine bunte Mischung zusammengewürfelter Gruppen.
- Es bilden sich Freundschaftsgruppen oder Lernverbände, die ihre gegenseitigen Sympathien und Abneigungen geklärt haben.

2. Differenzierung nach Lernvoraussetzungen

- Die Lerngruppe wird leistungsabhängig in entweder weitgehend homogene oder weitgehend heterogene Gruppen aufgeteilt.
- Die Lerngruppe wählt interessenbezogene Themen aus, wodurch sich eine Aufteilung in Gruppen oder auch Einzelarbeit ergibt.
- Die Lerngruppe setzt ihren Schwerpunkt auf Sozialisation und Integration nicht nur der verschiedenen Lerntypen, sondern bildet zum Beispiel geschlechtsspezifische oder multikulturelle Gruppen, bezieht Behinderte und Außenseiter bewusst ein.

3. Differenzierung nach Sozialformen

- Die Lerngruppe arbeitet gemeinsam im Klassenverband.
- Die Lerngruppe arbeitet in festen Untergruppen.
- Jeder Schüler dieser Lerngruppe arbeitet alleine.

4. Differenzierung nach Unterrichtsmethoden und -medien

- Die Lerngruppe teilt sich im Blick auf visuelle, auditive oder haptische Lernstrategien der Schüler auf.
- Kleinere Gruppen entstehen durch unterschiedliche Erarbeitungs- und Präsentationstechniken (zum Beispiel mündlich, schriftlich, szenisch, algorithmisch).
- Die Lerngruppe teilt sich bedingt durch unterschiedliche Materialien oder Medien auf (zum Beispiel eine Teilgruppe arbeitet mit dem Computer, alle arbeiten mit unterschiedlicher Software, unterschiedliche Visualisierungsmedien werden eingesetzt usw.).

5. Differenzierung nach Unterrichtsinhalten

- Die Lerngruppe arbeitet gemeinsam an und zu einem Thema. Durch unterschiedliche Schwerpunkte können sich Gruppen bilden, der Unterrichtsinhalt ist aber grundsätzlich gleich.
- Die Lerngruppe arbeitet in kleinen Gruppen zu sehr unterschiedlichen Themen. So können zum Beispiel zu einer Unterrichtseinheit verschiedene Teilaspekte behandelt und erarbeitet werden.
- Die Untergruppen einer Lerngruppe arbeiten individualisiert nach Aufgabenstellungen.

6. Differenzierung nach Zielen

- Innerhalb der Lerngruppe arbeiten verschiedene leistungshomogene Gruppen auf unterschiedliche Schulabschlüsse hin.
- Schüler mit ähnlich gelagerten Schwierigkeiten bilden eine Gruppe, um diese Probleme zu überwinden.
- Kleine arbeitsfähige Gruppen entstehen durch gezielte Förderung partieller und universaler (Hoch-)Begabungen.
- Durch sprachliche und soziale Integration von Schülern mit Migrationshintergrund werden leistungsheterogene Gruppen gebildet.
- Leistungshomogene Gruppen entstehen durch die Integration von Körper- und Lernbehinderten zur Überwindung speziell gelagerter Probleme.
- Integrative Aspekte werden durch jahrgangs- und klassenübergreifende

Lernpatenschaften, Tutorensysteme und Teambildungen gefördert und gestärkt.

Didaktische Differenzierung

1. Differenzierung nach Lernstilen
Diejenigen Schüler, die zum Beispiel am effektivsten mit den Augen lernen, erhalten entsprechende visuelle Hilfen. Schüler, die am besten durch Abschreiben lernen, werden auf diese Weise gefördert.

2. Differenzierung nach Lerntempo
Langsam lernende Schüler erhalten vorbearbeitetes Material, überdurchschnittlich schnelle Lerner Material mit höherem und/oder zeitintensiverem Schwierigkeitsgrad.

3. Differenzierung nach Lernbereitschaft
Schüler mit entsprechend geringer Lernbereitschaft erhalten erfahrungsbezogenes Material, das sich direkt auf ihre eigenen Alltagserfahrungen bezieht. Schüler mit hoher Lernmotivation arbeiten mit abstrakteren Materialien und Aufgabenstellungen.

4. Differenzierung nach Lerninteressen
Alltagsspezifische Interessen werden gezielt zur Differenzierung eingesetzt. Spezielle Schülerinteressen werden in der Gestaltung des Unterrichts aufgegriffen. Die Lehrkraft nutzt methodische Präferenzen der Schüler zum differenzierten Unterrichten.

Durch kompetenzorientierte Aufgaben und Arbeitsaufträge lassen sich diese unterschiedlichen Schülerfähigkeiten und -fertigkeiten in idealer Weise berücksichtigen.

Sorgfältige Erarbeitung der Aufgaben

Aufgaben ebnen den jeweils individuellen Lernweg für die Schüler. Darum ist die Erarbeitung der Aufgaben eine wichtige Herausforderung für die Lehrer, sie brauchen eine sorgfältige und überlegte Ausarbeitung, wenn die gewünschten Lernprozesse in Gang kommen sollen.

Die außerschulischen und schulischen Alltagserfahrungen der Schüler, die sie bei Anforderungen aktivieren müssen, bilden die Grundlage für die Aufgabengestaltung. Durch gezielte pädagogische Diagnosen vorhandener Kompetenzen versuchen wir das Vorverständnis der Schüler durch Aufforderungen in den Aufgabenstellungen zu erfassen. Das gelingt am besten dadurch, dass die Schüler aufgefordert werden,

- ihre Vorgehensweisen so präzise wie möglich zu beschreiben,
- ihre Strategien und Entscheidungen zu begründen,
- auftretende Probleme zu analysieren und zur Strategieveränderung zu nutzen,
- Fehlersuche als Hilfe zur Problemlösung zu begreifen,
- Einschätzungen zu geben und zu hinterfragen,
- verständliche und nachvollziehbare Begründungen zu formulieren.

Aufgeschlüsselte und in Teilbereiche zerlegte Aufgabenkonstruktionen bilden die Grundlagen zur Beurteilung des Schülerverhaltens.

Bei differenzierenden Aufgaben sollte jeder Schüler bei der Bearbeitung einer Aufgabe die Chance haben, sie auf dem ihm eigenen Niveau zu bearbeiten (individueller Lernerfolg und Kompetenzerwerb). Zur **Differenzierung der Aufgaben** bieten sich folgende Möglichkeiten an:
- Leistungsdifferenzierung: Aufgaben mit gestuften Anforderungsniveaus,
- Interessen- und Wahldifferenzierung: Aufgaben mit unterschiedlicher Komplexität und Informationsfülle sowie unterschiedlichen Abstraktionsniveaus,
- Selbstdifferenzierung: Aufgaben mit verschiedenen Methoden, Lösungswegen, Intentionen.

Unterschiedliche Aufgabenkonstruktionen lassen sich selbstredend in jeder Differenzierungsform einsetzen, ihren Schwerpunkt haben sie aber in der didaktischen Differenzierung.

Interessen- und Wahldifferenzierung

Aus diesen Aufgabenarten können die Schülerinnen und Schüler je nach persönlichem Interesse auswählen. Bei der Interessen- und Wahldifferenzierung wird der Unterricht auf die unterschiedlichen **Interessen** und **Neigungen** der Schüler ausgerichtet. Die damit verbundenen Lernarrangements geben den Schülern die Chance, sich in freier Entscheidung auf Inhalte, einzelne Schwerpunkte, unterschiedliche Aspekte und Handlungen einzulassen, um so ein individuelles Interesse zu bestimmten Bereichen entwickeln oder verstärken zu können bzw. das zu lernen, was sie besonders interessiert.

Je älter die Schülerinnen und Schüler werden, umso deutlicher zeigen sich ihre unterschiedlichen Neigungen. Mit zunehmendem Kenntnisstand und Vorwissen können sie in die Planung und Vorbereitung des Unterrichts einbezogen werden.

Je genauer der Lehrer die Interessen der Klasse kennt, desto besser kann er seinen Unterricht planen und vorbereiten. So können zum Beispiel Wahl- und Pflichtbereiche für den Unterricht festgelegt, die Lernvoraussetzungen berücksichtigt, die methodischen Vorgehensweisen angepasst und spezielle Verfahren und Präsentationen bedacht werden.

2.7 Individueller Lernerfolg

Ausgangspunkt: die eigene Lebenswelt

Grundvoraussetzung für das eigene Lernen ist die individuelle alltägliche Lebenswelt des Lernenden. Jeder Mensch hat seine eigenen Erfahrungen gemacht, hat seine eigenen subjektiven Strukturen im Kopf, lebt in einem eigenen Umfeld und ist geprägt vom Umgang mit Eltern, Freunden und vielen anderen Faktoren.

Alles, was er neu hinzulernt, versucht er mit dem Vorhandenen zu verknüpfen, er versucht Verbindungen zu etwas Bekanntem, schon mal Erlebtem herzustellen, um es einordnen zu können. Je mehr Informationen ich also mit meinen Vorerfahrungen verbinden kann, desto erfolgreicher wird mein Lernen sein, erst dann werden aus Informationen Wissen und Können (Neurobiologie).

Die Art und Weise, wie jeder Mensch am besten lernt, ist in vielen Untersuchungen erforscht worden. Die Ergebnisse all dieser Lernforschungen zeigen, dass wir dann am besten lernen, wenn möglichst viele Sinne beteiligt sind. Die Aufgabe der Schule ist es, die Voraussetzungen und die Möglichkeiten zu schaffen, dass der Unterricht möglichst viele Sinnesorgane beim Lernen anspricht.

Eine entscheidende Rolle für die Entwicklung von Persönlichkeit und damit Voraussetzung für erfolgreiches Lernen ist die Fähigkeit, Dinge und Vorgänge zu erkennen und kognitiv zu verarbeiten – also die **Wahrnehmungsfähigkeit**.

Diese Fähigkeit führt zum Denken – dem Speichern der Information – und damit zum Lernen – dem Abrufbarmachen gespeicherter Informationen.

Eine wichtige Voraussetzung zum optimalen Lernen ist, den Schülern zu verdeutlichen, dass sie unterschiedlich lernen, dass es unterschiedliche **Lerntypen** gibt. Sie müssen dazu befähigt werden, ihr Lernverhalten selber einzuschätzen und individuelle Lernwege zu finden, um Informationen aufzunehmen, zu verstehen, zu begreifen, möglichst lange zu behalten und bei entsprechender Gelegenheit abzurufen. Schüler können durch die Kenntnisse über ihren individuellen Lernstil ihr Lernen optimieren und verbessern. Sie sollten lernen, Informationen in ihren individuellen Sinneskanal zu übersetzen und die weniger ausgeprägten Kanäle zu trainieren.

Aber nicht nur der individuelle Lerntyp bestimmt die Lernleistungen des Schülers, sondern ebenso das **soziale Umfeld** mit seinen zeitlichen und räumlichen Bedingungen.

Das Lernen in einer ästhetischen Umgebung vermittelt positive Begleitumstände, baut Ängste zum Beispiel vor Prüfungen ab und unterstützt damit den Lernerfolg.

Ein weiteres Spannungsfeld in der Schule ergibt sich zwischen dem **Herausforderungscharakter** einer Tätigkeit und dem Grad der Fertigkeit, mit dem diese bewältigt werden kann. Ist die Herausforderung des Lernstoffs durch die Lehrperson zu hoch, bei Schülern aber keine genügend hohe Fertigkeit zur Bewältigung der Aufgabe gegeben, ist die Reaktion zumeist Angst. Diese geschieht vor allem bei Prüfungen und Tests, in denen besondere Leistungen abgefragt werden.

Umgekehrt kommt es aber auch zu Problemen (Langeweilesyndrom), wenn die Herausforderung zu gering ist. Viele Schüler fühlen sich intellektuell unterfordert und beklagen, dass der Schulalltag langweilig sei.

Noch problematischer wird es, wenn sich geringe Leistungsfähigkeit mit ungeeigneter Herausforderung paart. Die Schüler sind für Lernanreize nicht mehr zu gewinnen, schalten im Unterricht ab, verweigern die Mitarbeit und erwachen erst wieder in den Herausforderungen einer Erlebnisorientierung im Alltag.

Wenn Lernerfahrungen positiv sein sollen, dann müssen die Informationen, die ins Bewusstsein dringen, mit den Zielen des Schülers übereinstimmen. Positive Rückmeldung stärkt das Selbstwertgefühl, wodurch weitere Aufmerksamkeit freigesetzt wird.

Lernen wird dann erfolgreich, wenn verschiedene Ebenen miteinander in Beziehung gesetzt werden.

Verschiedene Ebenen miteinander verknüpfen

1. Innere Einstellung
Nur eine positive mentale Einstellung ist Voraussetzung für erfolgreiches Lernen, denn Ängste, Ablenkung und Aufhebung der Konzentration durch nicht zielführende Gedanken gefährden den Erfolg.

2. Lernumgebung
Das Lernumfeld muss so „ästhetisch" gestaltet sein, dass Lernen überhaupt erst stattfinden kann, um dann erfolgreich zu sein.

3. Verhaltensebene
Zum Erwerb einer Sprache benötigen wir einen Wortschatz und Strukturen, zum Lösen mathematischer Probleme brauchen wir bestimmte Regeln und eine geeignete Fachsprache.

4. Fähigkeitsebene
Die Fähigkeit, das Verhalten situationsadäquat einzusetzen, ermöglicht alltägliche Kommunikation (Reproduktion contra Beherrschung). Eine Fähigkeit ist dann gegeben, wenn Menschen situationsadäquat so handeln können, wie sie es sich vorstellen.

5. Werte und Normen
Unsere eigenen Werte und Normen, aber auch unsere Neugierde bestimmen, warum wir etwas lernen wollen oder nicht.

6. Identität
Der Grad des Einverständnisses mit den Erziehungszielen der Schule oder Schulform bestimmt die individuelle Zufriedenheit des Einzelnen.

2.8 Differenzierungskonsequenzen

Es gibt keine ganzheitliche pädagogische Lerntheorie, mit der wir lückenlos alles beschreiben und erklären könnten, was sich täglich vor unseren Augen im Klassenzimmer abspielt. Dass dem so ist, liegt schon an der Pauschalität der Fragestellung. Es gibt nicht die „eine" Lerntheorie, die die bunte Fülle unterrichtlicher Lernformen analysieren und strukturieren helfen könnte, sondern verschiedene Theorien für unterschiedliche Formen des Lehrens und Lernens, die allerdings aufeinander bezogen werden können: Lernen ist eben nicht nur

- passiv, rezeptiv, ergebnisorientiert, individuell, kollektiv, extrinsisch motiviert und lehrergeleitet,
- sondern auch aktiv, konstruktiv, prozessorientiert, kleingruppenorientiert,
- intrinsisch motiviert und schülergeleitet.

Und auch das Lehren ist nicht nur

- systematisch, stoffbezogen, sachlich lehrmethodenzentriert und lehrerdominant,
- sondern auch situiert, projektbezogen, überfachlich, offen und schülerdominant.

Obwohl passives, rezeptives Wissen keineswegs so unwirksam ist, wie oft behauptet wird, gibt es viele Unterrichtsziele, zu deren Erreichung ein aktives und konstruktives Lernen notwendig ist. Damit sind nicht äußere Aktivitäten gemeint; es geht vielmehr darum, dass sich Schüler mit den Lerninhalten und mit den Lernsituationen aktiv auseinandersetzen und ihr eigenes Wissen konstruktiv aufbauen (Kompetenzaufbau).

Eine kritische Analyse der vorhandenen Literatur ergibt, dass systematisch-kognitives Lernen vor allem den vertikalen Transfer verbessert (also die Erleichterung künftigen Lernens auf dem gleichen Inhaltsgebiet, zum Beispiel der Mathematik), während situiertes Lernen den horizontalen Transfer begünstigt (d. h. die Anwendung und Erweiterung des Wissens in ähnlichen sozialen und inhaltlichen Kontexten und Situationen). Da das Erreichen anspruchsvoller Lernziele in der Regel beide Transferformen erfordert, ist es in der Schule notwendig, dass sowohl kognitiv-systematisch als auch situiert-lebenspraktisch gelernt wird. Fachlichem und überfachlichem Unterricht kommt die gleiche Bedeutung zu. Die Systematik der Inhalte ist der eine Weg, die Besonderheit der lebensweltlichen Phänomene, Probleme und Projekte der andere. Nicht jeder der zwei Wege, sondern nur beide zusammen führen zum Ziel.

Erwerb von Kompetenzen

Der Erwerb von Kompetenzen (und intelligentem Wissen) ist eine wesentliche Aufgabe des Unterrichts. Damit sind nicht träge, mit der Lernsituation verlötete, nur mechanisch anwendbare Kenntnisse gemeint, sondern es geht um ein sinnvoll geordnetes, untereinander und mit vielen Anwendungssituationen vernetztes, flexibles und situativ leicht anpassungsfähiges Wissen und Können. Der Erwerb dieser Kompetenzen erfordert in der Regel viele Jahre intensiven Lernens, Ausprobierens und Handelns.

Defizite lassen sich durch allgemeine Strategien der Informationsverarbeitung, durch kurze Trainings- oder schicke Animationsseminare nicht kompensieren.

Differenzierender Unterricht erfordert schon in der Planungsphase die Klärung der zu verfolgenden Ziele und Kriterien, nach denen gearbeitet werden soll und wird. Ein einziges Kriterium ist dabei aber sicherlich nicht ausreichend. Die Lernvoraussetzungen der Schülerinnen und Schüler und die regelmäßige Beobachtung des Lernprozesses bilden die Grundlage für differenzierende Maßnahmen im Unterricht.

Kontinuierliche Lernstandsdiagnosen, Rückmeldungen über Lernstrategien und Bestätigung der Lernerfolge durch den Lehrer sind notwendige Bedingungen, um Über- oder Unterforderung zu vermeiden.

Lerndefizite können so situationsbedingt erkannt und durch entsprechende Förder-/Fordermaßnahmen behoben werden. Differenzierender Unterricht erfordert aber auch eine zeitgemäße, gerechte und differenzierte Form der Leistungsmessung und -bewertung durch Klarstellung der Ziele der Bewertung, der Kriterien und eine Auswahl der entsprechenden Darstellungsformen.

Schaubild zur Unterrichtsentwicklung

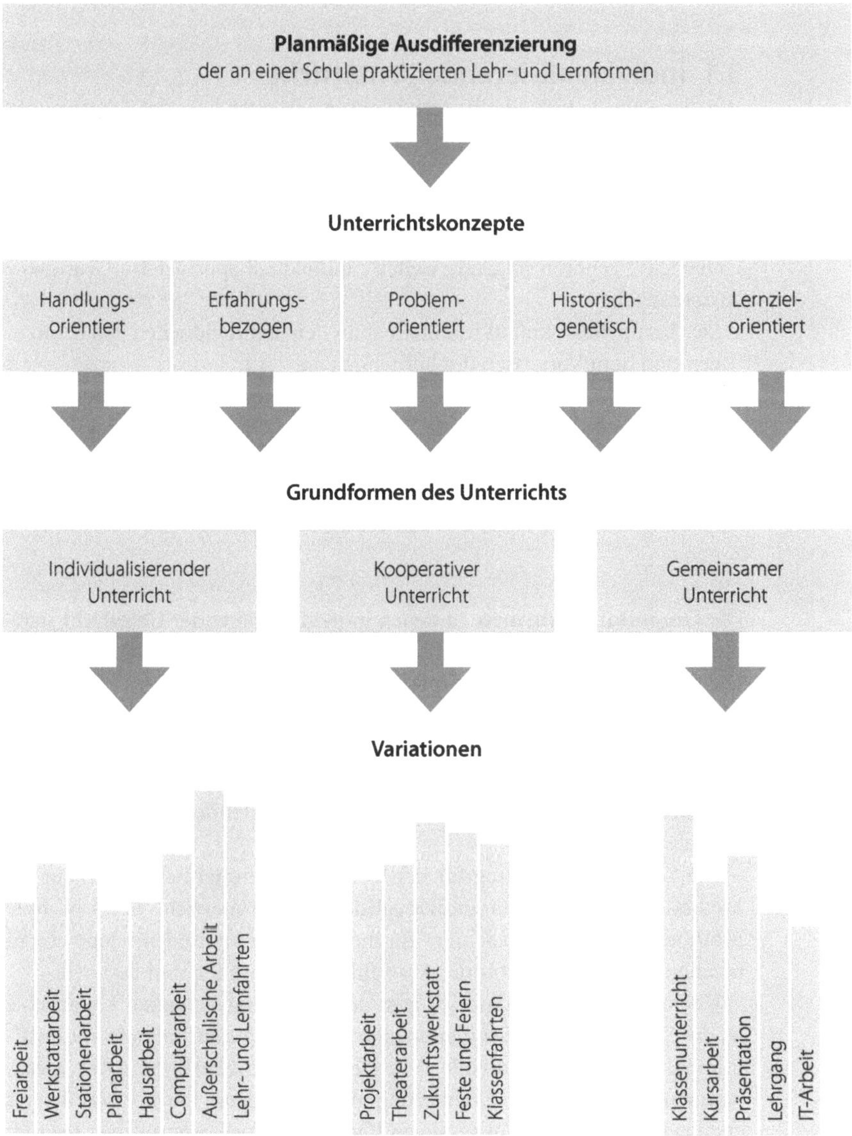

3 Variationen der Grundformen

3.1 Individualisierender Unterricht

Wie der Begriff „individualisierend“ schon andeutet, liegt der Schwerpunkt bei den Grundformen, in denen dieser Unterricht stattfindet, überwiegend in der Einzelarbeit.

Doch ist dies allenfalls die notwendige, aber keineswegs schon die hinreichende Bedingung (Lehrer als Lernberater). Zum „individualisierenden Unterricht“ gehören folgende weitere, individuell spezifizierte Grundvoraussetzungen:

- Der Lernprozess knüpft unmittelbar an den je individuellen Erfahrungen und dem Vorwissen des Lernenden an.
- Die Vorgehensweise während des Lernprozesses wird vom Lernenden weitestgehend selbst gesteuert.
- Individuelle Lernwege werden nicht vom Lehrer verbaut, sondern gezielt gefördert (Wege entstehen beim Gehen!), der Lehrer gestaltet und begleitet, gibt Tipps und Ratschläge und beseitigt externe Hindernisse.

Die **Organisationsformen**, in denen individualisierender Unterricht stattfindet, sind ebenso weitgehend selbst strukturiert und selbst verantwortet. Die Schüler planen die Arbeitsprozesse selbst und führen diese auch eigenständig durch, der Lehrer stellt lediglich sein eigenes Basiswissen zur Verfügung, begleitet den Lernprozess und greift nur dort lenkend und helfend ein, wo dies vom Schüler explizit gewünscht wird (Lehrer als Coach). Dies gilt auch für die individuell selbst zu verantwortende Ausgestaltung des Zeitrahmens.

Die Selbstverantwortung für den Lernprozess bezieht sich auch auf die Methodenauswahl: Beim individualisierenden Unterricht herrscht freie **Methodenwahl**, um den Schüler zur individuellen Methodenkompetenz zu befähigen. Gleiches gilt für die Auswahl der Materialien und Lernorte.

Überaus wichtig für das Gelingen des individualisierenden Unterrichts ist die Gewöhnung der Schüler an eine regelmäßig stattfindende und institutionalisierte **Selbstkontrolle**. Nur wenn der Schüler diese selbst vorzunehmende individuelle Evaluierung des je eigenen Lernfortschritts als ebenso integralen wie notwendigen Bestandteil des Lernprozesses begreift und akzeptiert, ist diese Grundform des Unterrichts ein effizienter Arbeitsprozess, der sich von sonstigen individuellen Beschäftigungen unterscheidet.

Diese weitgesteckten Ansprüche des individualisierenden Unterrichts setzen Kompetenzen voraus, die selbstredend bei den Schülern nicht a priori vorhanden sind. Bei dieser Grundform des Unterrichts kommt es also weit mehr als bei den beiden anderen darauf an, diese Fähigkeiten stufenweise aufzubauen und den Schülern – bei kontinuierlich nachlassender Lehrerlenkung – vom Ende der Primarstufe an bis spätestens zur Klasse 10 ein gezieltes Training zur Einübung in die Selbstkompetenzen zu ermöglichen.

Wie so ein Curriculum zum Aufbau von methodischen und fachlichen Kompetenzen aussehen kann, wird anschaulich und konkret vom Kollegium der Realschule Enger beschrieben, das ihren Schülern kontinuierlich von Klasse 5 bis 10 Grundlagen zur Entwicklung von Lernkompetenzen vermittelt und dies in sehr lesenswerten Büchern dokumentiert hat.

Die vorrangigen Ziele des individualisierenden Unterrichts lassen sich wie folgt zusammenfassen:

- Vermittlung und Stärkung von Selbstkompetenz,
- Entwicklung von Ich-Stärke,
- Selbstständigkeit und Selbstverantwortung,
- zieldifferenzierte Spezialisierung,
- regelmäßige Selbstkontrolle,
- Selbstkritik.

3.1.1 Freiarbeit

> **Freiarbeit** ist eine Form des individualisierenden Unterrichts, in der die Schüler das Thema, die Methode, den zeitlichen Umfang ihrer Arbeit, die Sozialform und den Einsatz der Lernmaterialien und Medien selbst bestimmen. Sie nutzen bereitgehaltene Lernmaterialien, können ihre Lernaufgaben selbstbestimmt setzen und kontrollieren und präsentieren ihre Arbeitsergebnisse – lediglich die Freiheit zur Untätigkeit besteht nicht.
> Der Lehrer stellt eine didaktisch gestaltete Lernumgebung her, berät die Schüler bei ihrer Themen- und Methodenwahl und begleitet und unterstützt die Schüler auf ihren Lernwegen.

Freiarbeit kann dazu beitragen, die Individualität der Schüler zu entfalten, ihnen Freiraum für ihre Fantasien und Wünsche zu belassen und die individuellen Lernrhythmen jedes Schülers zu berücksichtigen. Durch die unterschiedlichen Formen der selbstbestimmten Tätigkeiten lernen die Schüler, ihre persönlichen Fähigkeiten und Fertigkeiten zu erkennen und individuelle Lernwege zu beschreiten. Dadurch werden Selbstkompetenz,

Methodenkompetenz, Ich-Stärke und Kreativität gefördert. Freiarbeit ist eine Form der **inneren Wahldifferenzierung**. Sie berücksichtigt in besonderem Maße die individuellen Lernvoraussetzungen und Interessen der Schüler. Die Schüler planen ihr Vorhaben, führen es durch und stellen sich mit ihren Arbeitsergebnissen dem kritischen Urteil der Lerngemeinschaft. Der Lehrer übernimmt die Rolle des Lernberaters und Lerncoaches.

In der Sekundarstufe I mit ihrer deutlich stärkeren Untergliederung in Einzelfächer kann Freiarbeit zum Beispiel durch die Einfügung einer Freiarbeitsleiste in der Stundentafel organisiert werden. Dies kann jahrgangsweise oder auch jahrgangsübergreifend erfolgen.

Freiarbeit in den Klassen 5 bis 10 legt nahe, Lehrer-Jahrgangsteams (wie zum Beispiel an Gesamtschulen) zu bilden, die dann gemeinsam für die Großgruppe eines Jahrgangs die Lernangebote vorbereiten und betreuen. Man kann auch – in einem ersten Schritt – mehrere Doppelstunden für Arbeitsgruppen zu einem Freiarbeits-Stundenpool zusammenbinden und dann eine fachbereichsspezifisch bleibende Freiarbeit organisieren.

Freiarbeit am besten im Lehrerteam

Freiarbeit ist am besten mit Lehrerteams einzuführen. Der Arbeitsaufwand verteilt sich auf viele Schultern und alle können davon profitieren.

Freiarbeit wird durch die Wochenplanarbeit, die an vielen Grundschulen praktiziert wird, vorbereitet (ist damit aber nicht gleichzusetzen). So können in der Sekundarstufe I die Formen selbstständigen und selbstverantworteten Arbeitens und Lernens weitergeführt und -entwickelt werden. Können Schüler in Klasse 5 nur unter Anleitung kleine Erkundungsaufträge erledigen, so haben sie bis Klasse 10 gelernt, „echte Forschungsfragen" zu bearbeiten und ihre Arbeitsergebnisse zu veröffentlichen.

Die Unterrichts- und Lernplanung erfolgt zunächst gemeinsam mit dem Lehrer, bis die Schüler schrittweise eigenständig planen und arbeiten können. Die Materialien werden erst vom Lehrer zur Verfügung gestellt, dann im Lauf der Jahre von „Experten" erstellt, weiterentwickelt oder ergänzt.

Instrumente von Freiarbeit sind Themenbörsen (insbesondere als Unterstützung zur freien Themenwahl) und Lernjournale (als Dokumentation).

In den letzten Jahren gibt es viele kritische Anmerkungen zur Freiarbeit. Antriebsschwache und unruhige Schüler kommen in der Regel zu schlechteren Ergebnissen als leistungsmotivierte und ausgeglichene, da ihnen die strukturierte Lernsituation fehlt. Diese Situation kann aber durchaus als Chance begriffen werden, wenn Lehrer insbesondere diesen Schülern mehr Aufmerksamkeit widmen und ihnen als „Lernförderer" zur Verfügung stehen.

3.1.2 Werkstattarbeit

Werkstattarbeit bezeichnet das materialgestützte, erfahrungsorientierte Lernen in einer pädagogisch gestalteten Umgebung. Die Schüler haben jederzeit die Möglichkeit, Einfluss auf den inhaltlichen Verlauf der Arbeit, auf die methodischen Vorgehensweisen und auf die Wahl der Partner zu nehmen. Werkstattarbeit ist abhängig vom aktiven Engagement der Schüler.

Bei der Werkstattarbeit geht es um die uralte, schon bei ROUSSEAU, MONTESSORI und FREINET ausformulierte Erkenntnis, dass der Lehrer im Unterricht dann in den Hintergrund treten kann, wenn er eine **pädagogisch gestaltete Umgebung** hergestellt hat.

Werkstattarbeit findet in eigens dafür vorgesehenen Räumen statt, wichtiger als die Räume aber sind die Menschen, die sich für die Werkstätten verantwortlich fühlen und fast immer erhebliche Arbeit investieren. Lernwerkstätten haben zumeist stufen- oder fächerbezogene Schwerpunktsetzungen (Öko-Werkstätten; Lese- und Schreibwerkstätten; Geschichtswerkstätten usw.). Sie können für eine Schule allein oder vernetzt für mehrere Schulen eingerichtet werden. Sie benötigen ein didaktisches Konzept, das zumeist flexibel gestaltet und häufiger modifiziert wird.

Eine besondere Bedeutung für das Werkstattlernen kommt den „Werkzeugen“ zu: In einer Arbeits- und Lernkooperative werden – durchaus mit klaren Rollenaufteilungen – handwerkliche Produkte hergestellt, um sinnlich Lerninhalte zu begreifen und zu erfassen und – ebenso wichtig – den Nutzen bestimmter Werkzeuge zu erkennen. Die Qualität der erstellten Produkte ergibt sich – genau wie in einer „richtigen“ Werkstatt – aus der Kombination der Werkzeugqualität und dem Engagement der „Arbeiter“.

In Werkstätten wird produktorientiert gearbeitet, indem konkrete Arbeitsergebnisse hergestellt werden. Die Schüler haben die Möglichkeit, in Kooperation mit anderen Lernexperimente durchzuführen, und können so auch ihre sozialen Kompetenzen verbessern. Hier geht es darum, theoretische Zusammenhänge durch praktisches Handeln kognitiv zu begreifen.

Durch die vielfältigen Wahlmöglichkeiten je nach Interessen, Fähigkeiten und individuellen Voraussetzungen der Schüler bietet die Werkstattarbeit dem Einzelnen optimale Möglichkeiten, seine Sach- und Fachkompetenz einzubringen, um die Selbstkompetenz und damit das eigenverantwortliche, selbstständige Lernen zu erhöhen.

3.1.3 Stationenarbeit

Stationenarbeit bezeichnet ein Lernarrangement, bei dem themendifferenzierte Aufgaben mit Materialien und Arbeitsanleitungen an ortsfesten Stationen erarbeitet werden. Die Stationen können entweder systematisch aufeinander aufbauen, dann müssen sie im vorgeschriebenen Kreislauf erarbeitet werden, oder sie können sich thematisch ergänzen, dann ist die Reihenfolge der Bearbeitung freigestellt.

Stationenarbeit bietet den Schülern vielfältige Möglichkeiten bei der Wahl der Methoden und Medien, der Sozialform und des Zeitrahmens. Die Schülerinnen und Schüler können je nach Interessen und Neigungen und entsprechend ihrer Fähigkeiten Stationen auswählen, die angebotenen Materialien zur Bearbeitung der Aufgaben nutzen oder auch durch eigene Materialien ergänzen.

Nicht unbedingt rund um ein Thema

Die Stationen können unter ein gemeinsames Thema oder Motto gestellt werden, das muss aber nicht notwendig so sein. Für die einzelnen Aufgaben der Stationen bieten sich dann unterschiedliche Mittel und Methoden an. Die Aufgaben müssen eine Selbstkontrolle ermöglichen und einen hohen Aufforderungscharakter haben. Ob sie eher offen oder geschlossen gestellt werden, ist unerheblich, wenn diese Bedingungen erfüllt sind. Die Lernziele werden im Regelfall für jeden Schüler individuell festgelegt.

Die Schüler wählen sich ihren Arbeitsplatz selbst unter Berücksichtigung ihrer individuellen Lerninteressen und -fähigkeiten. Der Lehrer stellt die Lernumgebung und die Materialangebote bereit.

Stationenarbeit fördert die **Aktivität** und die **Kreativität** der Schüler, die Schüler übernehmen die Initiative und die Verantwortung für ihr Lernen und entwickeln **Selbstständigkeit** und Handlungsfähigkeit.

Stationenarbeit kann im Klassenraum stattfinden, indem in den Ecken und gegebenenfalls an zusätzlichen Tischen (je nach Klassenstärke und Themenstellung) eine entsprechende Anzahl von Stationen aufgebaut wird. Stationenlernen kann „wuchern" und sich aus dem Klassenzimmer auf die Flure und ins Gelände ausweiten. Es gibt dann fließende Übergänge zum sogenannten „Lernortenetz" einer Schule.

An den Stationen werden die vom Lehrer vorbereiteten Lerninhalte als Arbeitsaufträge, Forschungsfragen, Experimente, Rätselaufgaben, Übungsaufgaben, Lektüreauswahl usw. angeboten. Es empfiehlt sich, die Stationen zu nummerieren und mit griffigen Namen zu versehen. Pflicht- und Wahlaufgaben können unterschieden werden. Am besten gibt man den Schülern einen Laufzettel mit, der sie zur Selbstkontrolle ermuntert.

Besonders wichtig ist die Vorbereitung dieser Unterrichtsform durch den gezielten Aufbau methodischer Handlungskompetenzen.

Die Vorbereitung des Stationenlernens ist aufwändig. Es bietet sich deshalb an, die Stationen im Team vorzubereiten und in verschiedenen Klassen zu nutzen.

3.1.4 Lernplanarbeit

> **Lernplanarbeit** legt das zu erledigende Lernpensum der Schüler – innerhalb eines verbindlichen Zeitrahmes – in differenzierten Plänen fest. Die Inhalte der Pläne stehen einerseits in engem Zusammenhang zum Fachunterricht, fördern andererseits aber auch spezielle Begabungen oder beheben Lerndefizite der Schüler.
> Lernpläne sollen den Lernprozess strukturieren, und sie dienen im individualisierenden Unterricht dazu, gemeinsam mit dem Schüler seine Lernentwicklung zu dokumentieren und zu reflektieren.

Dafür haben sich unterschiedliche Lernplanformen in den Schulen bewährt, die je nach Voraussetzungen und Bedingungen eingesetzt werden:

- Kompetenzraster,
- Themenpläne,
- Arbeitspläne,
- Themenlandkarten.

Dokumentiert den Weg zum Ziel

Allen Plänen gemeinsam ist, dass die vereinbarten **Ziele** darin festgehalten werden. Jeder Schritt auf dem Weg zum Ziel wird dokumentiert, indem schriftliche Bearbeitungen und Ergebnisse in einer entsprechenden Dokumentationsmappe (Fachmappe) gesammelt werden.

Regelmäßig – meist nach einer Lernetappe oder Unterrichtseinheit – finden Gespräche zwischen Schülerin oder Schüler und der Lehrkraft statt, in denen folgende Punkte besprochen werden:

- Welche Ziele hat der Schüler sich gesetzt?
- Welche Kompetenzen hat der Schüler erworben?
- Welche Aufgaben hat er mit welchem Erfolg erledigt?
- Welche Probleme und Schwierigkeiten haben sich ergeben?
- Welche Hilfestellungen benötigt der Schüler für die Weiterarbeit?
- Welche Ziele stehen jetzt für die folgende Phase an?

Die Ergebnisse der Besprechungen werden im **individuellen Lernportfolio** festgehalten. Wir haben die Erfahrung gemacht, dass die Schüler mit zunehmendem Alter immer besser in der Lage sind, mit individuellen Lernplänen zu arbeiten, und diese auch sukzessive selber erstellen können.

Zu Arbeitsbeginn ist es insbesondere mit ungeübten Schülern hilfreich, ein Planungsgespräch zu führen. Hier können Wünsche formuliert, Anregungen gegeben, Aufgaben abgesprochen und Vorlieben oder Abneigungen festgehalten werden. Es können auch Sozialformen oder praktikable Methoden verabredet werden – bei jüngeren Schülern ist es sinnvoll, methodische Vorgaben zu machen, um sie langsam an das selbstständige, eigenverantwortliche Arbeiten zu gewöhnen.

Mit wachsender Erfahrung der Schüler mit dieser Arbeitsform können die Lernpläne zunehmend selbstständig erstellt werden.

Lernplanarbeit bietet die große Chance, individuelle Pläne mit Aufgaben, Forschungsaufträgen, Spielanregungen und Erkundungsgängen zu erstellen, auch das individuelle Arbeitstempo einzelner Schüler wird berücksichtigt. Durch die Festlegung von Pflicht- und Wahlaufgaben sind die Arbeitsbereiche klar eingegrenzt, durch unterschiedliche Schwierigkeitsgrade der Aufgaben sind zusätzliche Wahlmöglichkeiten gegeben.

Ziele der Lernplanarbeit sind die eigenständige Aneignung von Sach- und Fachwissen, der Aufbau einer stabilen Arbeitshaltung und die Vermittlung von Methodenkompetenz.

3.1.5 Hausarbeit

Den sehr verschiedenen Formen der **Hausarbeit** ist gemeinsam, dass sie eine selbstständig anzufertigende Alleinarbeit außerhalb der Unterrichtszeit darstellen. Die einfachste Art der Hausarbeit ist die im Regelfall täglich gestellte Hausaufgabe.
Anspruchsvollere Varianten, die vom Schüler ein eigenständiges Einarbeiten in bestimmte Fachgebiete erfordern, bilden Referate und Facharbeiten.

Hausarbeit ermöglicht Formen der **inneren Differenzierung** in Bezug auf die eigenständige Gestaltung der Lernvorgehensweisen, der Methoden, der Sozialformen, des Zeitrahmens, der Materialien und Medien und des Lernortes.

Die empirische Forschung nennt folgende Funktionen der Hausarbeit: Festigung des Wissens und Könnens, Erweiterung und Systematisierung, Transfer auf vorgegebene oder selbst zu suchende Situationen und Beispiele und Hinführung auf neu zu behandelnden Stoff (vgl. Otto/Schulz 1995, 463).

Der Spielraum zur eigenständigen Gestaltung dieser Bereiche durch den Schüler hängt allerdings sehr stark von der Art der Aufgabenstellung durch den Lehrer und den weiteren Verabredungen zwischen Lehrer und Schüler ab.

Der Lehrer hat hier die Möglichkeit, individuelle Lernvoraussetzungen zu berücksichtigen und auf die Stärken und Schwächen der einzelnen Schüler einzugehen, um Über- oder Unterforderungen zu vermeiden.

Gewöhnung an selbstständiges Arbeiten

Das Hauptziel für sinnvoll gestellte Hausarbeiten ist die Gewöhnung der Schüler an das individuelle und selbstständige Arbeiten ohne unmittelbare Kontrolle durch den Lehrer.

Dazu sind folgende Voraussetzungen auf Lehrerseite zu beachten:

- individuelle Anpassung an die Lernvoraussetzungen der Schüler,
- unterschiedliche Schwierigkeitsgrade für unterschiedliche Lerntypen und Leistungsvoraussetzungen,
- Vielfalt von Differenzierungs- und Wahlmöglichkeiten, um Konzentration und Eigenverantwortung zu fördern.

Hausarbeiten gewöhnen Schüler an regelmäßiges Arbeiten – je nach Verabredung eher fremd- oder selbstbestimmt – und sie haben einen nicht unwichtigen Disziplinierungseffekt. Je nach Form der Kontrolle können Ordnung und Sauberkeit, Gestaltung, inhaltliche Vollständigkeit, Präzision und viele weitere „Tugenden“ durch Erledigung der Hausarbeit gelernt werden.

Hierzu kann es hilfreich sein, den Schülern insbesondere in den unteren Jahrgängen konkrete Hilfestellungen an die Hand zu geben (zum Beispiel in Bezug auf die zeitliche Planung, auf sinnvolle Strukturmerkmale oder für eine angenehme Lernumgebung).

Wie keine zweite Variante der Grundformen ermöglichen Hausarbeiten eine inhaltliche Verbindung und Koppelung zwischen Elternhaus und Schule. Eltern erhalten die Möglichkeit des Einblicks in die fachlichen Aspekte des Unterrichts und in die persönliche Entwicklung ihres Kindes.

3.1.6 Homeschooling und Digitalisierung

Die seit einem knappen Jahr herrschende Pandemie hat u. a. dafür „gesorgt“, im schulischen Unterricht eine kräftige Beschleunigung des Digitalisierungsprozessess zu erzwingen. Unterricht am Computer zu Hause, alternierender Klassenunterricht mit jeweils halber Klasse bei homeschooling für den jeweils anderen Teil, Videokonferenzen und einiges mehr stehen seit seit Anfang 2020 auf der Bildungsagenda. Kollegen, aber auch häufig überforderte Eltern, die nicht nur ihren Beruf, sondern auch die häusliche Lernsituation organisieren müssen, sehen sich plötzlich mit neuen Problemen konfrontiert, die mit einem einfachen „weiter so“ nicht zu bewältigen sind. Die Prognosen von Bildungsforschern gehen allerdings deutlich weiter: Schulen im heutigen Sinne werde es bald nicht mehr geben, allen Schülern zugängliche Formen digitalisierten individuellen Lernens würden die herkömmlichen Unterrichtsstrukturen und -methoden ablösen (vgl. z. B. Dräger/Müller-Eiselt 2017, 22 und Schönberger/Cukier 2016, 17). Die These von Hilbert Meyer zur Digitalisierung in Schulen, dass gemeinschaftliches Lernen individuellem Lernen überlegen ist (vgl. Meyer 2018, 21), die noch vor zwei Jahren zu kontroversen Diskussionen geführt hat, ist gegenwärtig fast obsolet geworden, denn gemeinschaftliches Lernen in der hergebrachten Form gibt es zu Pandemie-Zeiten kaum noch.

Dennoch stützen wir uns bei der Beantwortung der Frage, ob und inwieweit webbasiertes, computergestütztes Lernen effektiver und effizienter sein kann, auf die gegenwärtig umfangreichste und empirisch repräsentativste Untersuchung zum Lehren – die Hattie-Studie (Hattie 2014): Basis der ersten Studie zur Computerunterstützung bilden insgesamt 4 875 Einzelstudien (mit insgesamt 3 990 028 Probanden), bei der zweiten sind es 100 (mit 22 554 Probanden). Hatties rein quantitatives Forschungsdesign geht davon aus, dass erst bei einem Wert vom 0,4 ein sogenannter „Umschlagpunkt" erreicht wird, von dem an die jeweils untersuchte Variable ihren Einsatz im Sinne von Effizienz und Effektivität lohnt. Dieser Punkt ist in der ersten Untersuchung mit 0,37 knapp, in der zweiten mit 0,18 deutlich unterschritten. Also banal ausgedrückt: Der Einsatz von Computer und Internet im Unterricht führt nicht automatisch zu besserem Lernverhalten, sondern muss in eine Vielfalt von Lehrstrategien eingebunden sein. Hattie kommt auf der Grundlage seiner Resultate zu folgenden Schlussfolgerungen:

- „Der Einsatz von Computern ist effektiver, wenn es multiple Lerngelegenheiten gibt. (s. o.). […]
- Der Einsatz von Computern ist effektiver, wenn die Lernenden, und nicht die Lehrperson ‚Kontrolle' über die Lernenden ausüben. […]
- Der Einsatz von Computern ist effektiver, wenn das Peer-Lernen optimiert wird (Hattie meint hier das kooperative Lernen, d. Verf.). […]
- Der Einsatz von Computern ist effektiver, wenn das Feedback optimiert wird." (Hattie 2014, 260 ff.)

Daraus lässt sich das Resümee ziehen, dass die überkommene „Belehrungsgesellschaft" – auch mithilfe der digitalen Medien – ersetzt werden muss durch dialogisches, handlungsorientiertes und selbstbestimmtes Lernen in sorgfältig arrangierten Lernsituationen. Qualifikationen wie Sozialkompetenz, Teamfähigkeit, Konfliktfähigkeit, Kulturverständnis und vernetztes Denken gewinnen angesichts der Widersprüche und Paradoxien der digitalisierten Welt zunehmend an Bedeutung.

Die ebenso globalisierte wie individualisierte Welt verlangt von heutigen Jugendlichen (und Erwachsenen) nicht nur die bloße Fähigkeit zur Informationsaufnahme, sondern die Ausbildung des eigenen Ichs als Orientierungs- und Handlungszentrum, aus dem heraus man ganz auf sich gestellt dem offenen Prozess der Digitalisierung kompetent begegnen kann.

Spitzers radikale Sicht auf die Nachteile der Digitalisierung können wir nicht komplett teilen, denn z. B. das Handy zu tabuisieren, macht es nur interessanter. Die digitalen Medien können nicht generell aus der Schule ausgeschlossen werden. Im Übrigen sind sie – in Form von Smartphone in den Hosentaschen und als Erfahrung in den Köpfen der Schüler – längst anwesend.

Hilbert Meyer (vgl. Meyer 2017) hat – u. a. aus den Konsequenzen der Hattie-Forschung und den hier gerade vorgestellten Überlegungen – „Prüfsteine für digitale Bildung" entwickelt, auf die wir uns hier beziehen und die wir für die Differenzierungssituation konkretisieren:

- Wirkt das digitale Medienangebot für die Schüler aktivierend und motivierend?
- Gelingt über das digitale Material eine sinnstiftende Kommunikation über die digitale Welt?
- Hilft das Material, reflexive Distanz zur eigenen Mediennutzung herzustellen?
- Unterstützen die digitalen Medien die Selbststeuerung?
- Helfen die digitalen Medien, in und während der Differenzierungsphase mit Heterogenität umzugehen und kooperatives Lernen zu ermöglichen?
- Wird durch den Einsatz digitaler Medien die Akzeptanz bei den Lernenden und den eigenen Kollegen gefestigt und gestärkt?
- Ist die Erarbeitung mithilfe digitaler Medien nachhaltig?
- Und – last but not least: Ermöglichen die digitalen Medien eine sinnvolle Differenzierung?

Fazit

Die digitalen Medien sowie die Einführung von Computer, Internet und Smartphone machen das „Lernen in der Gemeinschaft" (gleich ob in differenzierten Kleingruppen oder im gesamten Klassenverband) also keineswegs überflüssig, sie können sie aber teilweise sinnvoll ergänzen, hauptsächlich bei der Recherche zu Themenbereichen, als Hilfsmittel zur Vorbereitung von Präsentationen und zur Kommunikation miteinander.

Weitere mögliche Einsatzbereiche sind: Erstellen von Fotos und Videos, Benutzung als Wörterbuch, Synonymlexikon oder Übersetzer, Zeitungs- bzw. E-Booklektüre, Wiederholung von Lernstoff, Notizbuch und Kalender.

3.1.7 Außerschulische Arbeit

Außerschulische Arbeit beschreibt praxisorientierte Lernsituationen, in denen die Schüler alleine oder zu zweit für einen mit dem Lehrer vereinbarten abgegrenzten Zeitraum andere Lernorte außerhalb der Schule aufsuchen.
Durch die Möglichkeit des eigenständigen Handelns wird den Schülern Fach- und Sozialkompetenz vermittelt.

Die Einbeziehung außerschulischer Lernorte wird zunehmend propagiert, damit Schüler in **konkreten Lebens- und Arbeitssituationen** praktische Erfahrungen machen. Sie erhalten aus erster Hand Zugang zu Gegenständen, Ereignissen und Abläufen der Praxis und erleben diese damit nicht wie im Fernsehen und im Film über fremde Anschauung oder über die Darstellung realer Abläufe in Simulationen. Praxisorientierte Lernsituationen und Problemstellungen schaffen die Grundlage für das Erkennen von Zusammenhängen.

Die Möglichkeiten zu Kontakten mit außerschulischen Lernorten sind vielfältig:

- Zusammenarbeit mit den Museen oder anderen kulturellen Einrichtungen des Ortes,
- Zusammenarbeit mit städtischen Einrichtungen wie Büchereien, Verbraucherzentralen, Ämtern,
- Kontakte zu den Menschen ihres Schulortes wie Bürgermeister, Stadtrat, Vertreter der Kirchen,
- Zusammenarbeit mit karitativen Einrichtungen wie Seniorenheimen, Sozialstationen,
- Zusammenarbeit mit präventiv arbeitenden Organisationen wie der Drogenberatungszentrale, der Psychosozialen Beratungsstelle usw.

Das Ziel außerschulischer Arbeit ist die unmittelbare Anschauung, der Erwerb praktischer Fertigkeiten, die individuelle Teilnahme und die positive wie auch negative Kritik und Umsetzung. Die **Praxis** übernimmt hier die zentrale Lehrfunktion.

Außerschulische Arbeit wird meist unter Anleitung und Beratung des Lehrers, manchmal auch von anderen Verantwortlichen von den einzelnen Schülern selbst vorbereitet. Der Lehrer begleitet den außerschulischen Lernprozess.

Die selbstständige Planung und der selbstständige Umgang mit anderen Menschen außerhalb der Schule bilden eine wichtige Grundlage für das spätere Berufsleben. Die Schüler lernen nicht nur, sich auf die Institution oder den Betrieb einzustellen, sondern sie lernen auch, ihre Wünsche angemessen darzustellen, zuzuhören, eigene Ideen und Vorstellungen einzubringen, zu beobachten, zu beschreiben, Informationen zu sammeln, Arbeitsaufträge auszuführen, Kulturgegenstände zu schätzen und vieles mehr. Sie übernehmen damit die Verantwortung für ihren Lernprozess, der hier außerhalb der schulischen Aufsicht durch den Lehrer oder der häuslichen Aufsicht durch die Eltern stattfindet. Durch diese differenzierten Strukturen können die Schüler Selbstständigkeit und Ich-Stärke entwickeln und außerdem ihre persönliche Wirkung nach außen testen.

Außerschulische Arbeit sollte verpflichtend in das Schulcurriculum eingebunden sein. Die Vorteile dieser individualisierenden Unterrichtsform sind durch ihren hohen praktischen Anteil unumstritten. Wichtige Kriterien für eine erfolgreiche Umsetzung sind intensive Vorbereitungen durch den einzelnen Schüler (Lehrer als Berater) und eine ausführliche Nachbereitung (Verdeutlichung der Erfahrungen für andere Schüler).

3.1.8 Lehr-/Lernfahrten

> **Exkursionen** sind die am häufigsten durchgeführten Lehr- und Lernfahrten. Sie finden in der Regel als mehrtägige Klassen- oder Kursfahrten statt und haben das Ziel, neue Informationen und Erkenntnisse zum Beispiel über eine Stadt, ein Land, eine Sprache, die Umwelt oder über die Kultur zu sammeln.

Lehr- und Lernfahrten sind besonders von Schülern geliebte Veranstaltungen, die nicht nur das **Klassengemeinschaftsgefühl** stärken, sondern auch das Kennenlernen untereinander fördern.

Werden Lehr- und Lernfahrten als Exkursionen durchgeführt, dann ist die Vorbereitung darauf besonders wichtig. Die Planung erfolgt zunächst gemeinsam für die ganze Klasse oder den Kurs. Einzelne Schüler können individuelle Arbeits- oder Forschungsaufträge erhalten, die sie alleine oder in kleinen Gruppen durchführen.

Klare Regeln aufstellen

Im Klassenverband sollten die gemeinsamen Regeln und Vorgehensweisen vereinbart werden, damit für alle gleiche Voraussetzungen und Möglichkeiten bestehen. Die Ergebnisse werden vor der ganzen Klasse präsentiert, eventuell ergänzt und ausgewertet.

Die Differenzierung entsteht hier durch die zeitweise eingeschobene Einzelarbeit (individuelle Aufgaben zur Bearbeitung), die jeweils einen Baustein für das gesamte Thema der Exkursion darstellt und erst in der Gesamtheit der gemachten Erfahrungen von Nutzen ist.

Exkursionen als **Bildungsreisen** ins Ausland – wie häufig bei Abschlussfahrten – fördern das Sprachvermögen und erweitern die Sprachkenntnisse der Schüler. Zusätzlich – und dies gilt auch für Reisen innerhalb unseres Landes – verbessern sie die Kenntnisse über geologische und politische Strukturen, ökologische Zusammenhänge, soziale Gegebenheiten oder historische Entwicklungen. Auf dem Programm dieser Lehr- und Lernfahrten stehen meistens auch Besichtigungen, Führungen, Betriebs- und Veranstaltungsbesuche.

Didaktisch aufbereitetes Material zur Vorbereitung und begleitende Gesprächs- und Informationsmaßnahmen, die hauptsächlich vom Lehrer geplant und koordiniert werden, sind notwendige Bedingungen für eine Bildungsreise. Nur so haben die Schüler die Möglichkeit, entsprechend ihren individuellen Voraussetzungen ihre Kenntnisse und Fähigkeiten zu erweitern, zu verbessern und weiterzugeben. Differenzierung findet durch das individuelle Einbringen der einzelnen Schüler auf jeweils persönlicher Erkenntnisebene statt.

Auch der Lehrer hat hier die Möglichkeit, seine Schüler von einer ganz anderen Seite kennenzulernen. Oft zeigen sich auf solchen Fahrten die Geschicklichkeit und die planerische Fähigkeit mancher Schüler, die so im täglichen Unterrichtsgeschehen nicht auftreten oder nicht zu erkennen sind. Die Schüler können in der Gesamtheit ihrer Fähigkeiten besser beobachtet und beurteilt werden. Der erzieherische Aspekt der Lehrertätigkeit wird besonders bei Lehr- und Lernfahrten betont – geht es doch darum, über einen bestimmten Zeitraum mit den Schülern zusammenzuleben und -zuarbeiten.

3.2 Kooperativer Unterricht

Kooperativen Unterricht nennt man diejenige Grundform des Unterrichts, in der Schülergruppen gemeinsam in einem verabredeten Zeitrahmen ohne die direkte Kontrolle durch den Lehrer an einer Aufgabe arbeiten. Lehrer und Schüler planen diese Gruppenarbeit gemeinsam und teilen sich damit die Verantwortung für den Lernerfolg, die eigentliche Arbeit erfolgt aber weitgehend selbstständig in der Gruppe. Der Lehrer moderiert und berät die Gruppenmitglieder lediglich, schafft gegebenenfalls neues Material heran, gestaltet die Lernumgebung und hilft bei Lernhindernissen oder sonstigen Problemen.

Folgende weitere Grundvoraussetzungen gehören zum kooperativen Unterricht:

- Gemeinsam verabredete Regeln und Verantwortlichkeiten bilden die Grundlage für die Gruppenarbeit (Gruppensprecher, Protokollant, Zeitwächter usw.).
- Die zu bearbeitenden Themen werden gemeinsam verabredet, thematische Schwerpunkte können (meist nach Absprache mit dem Lehrer) eigenständig festgelegt und auch während der Gruppenarbeit geändert und modifiziert werden.
- Gleiches gilt für thematische Erweiterungen und Ergänzungen.
- Innerhalb des Zeitrahmens kann die Arbeit von den einzelnen Teams selbstständig geplant und verteilt werden.

Die Organisationsform des kooperativen Unterrichts ist die der **Kleingruppen**- und **Partnerarbeit**, die Lernprozesse sind innerhalb der Gruppe weitgehend selbst strukturiert, die Verantwortung für den Lernerfolg liegt ebenso bei der Gruppe wie die Modalitäten der Vermittlung der Lernergebnisse an die restliche Klasse oder Lerngruppe. Lediglich bei fachlichen Problemen oder Störungen des Gruppenklimas greift der Lehrer helfend oder vermittelnd ein, ansonsten fungiert er als Beobachter im Hintergrund, der die Lernsituationen der verschiedenen Gruppen arrangiert.

Die **Erarbeitungs**- und **Präsentationsmethoden** werden von der Gruppe gewählt und/oder durch die Inhalte selber bedingt. Je größer das Methodenrepertoire der Schüler ist, desto größer auch die differenzierte Wahlmöglichkeit – daher ist beim Einsatz dieser Grundform die sukzessive Herausbildung von Methodenkompetenz von der Primarstufe an erforderlich.

Neben die „klassischen" Schulmedien treten beim kooperativen Unterricht eine Reihe weiterer Informationsbeschaffungs- und Präsentationsmedien: Bücher und Lexika, zu befragende Experten, Internet und CD-ROMs,

Flipcharts, Wandzeitungen, Folien, AV-Medien, Computerpräsentationsprogramme (zum Beispiel PowerPoint) usw.

Auch der Lernort ist nicht auf den Klassenraum beschränkt, sondern nach Absprache können auch außerschulische Lernstandorte (Museen, Sozialstationen, Jugendamt, Beratungszentren, städtische Einrichtungen usw.) genutzt werden.

Die Selbstverantwortung der Schüler für den Lernprozess ist beim kooperativen Unterricht vergleichsweise hoch, denn Inhalte, Methoden und Medien werden von den Schülern nicht nur weitgehend selber geplant, sondern müssen – im Gegensatz zum individualisierenden Unterricht – für die gesamte Gruppe verantwortet werden. Jedes Gruppenmitglied trägt eben auch Verantwortung für die anderen Mitglieder der Gruppe. Die institutionalisierte Selbstevaluation ist – quasi „automatisch" – durch die abschließende Präsentation der Arbeitsergebnisse der Gruppe vor der gesamten Klasse (und dem Lehrer) gegeben.

Ziele des kooperativen Unterrichts

Die vorrangigen Ziele des kooperativen Unterrichts lassen sich wie folgt zusammenfassen:

- gleichwertige Förderung von Sachkompetenz und Sozialkompetenz,
- Entwicklung von Handlungskompetenz, Solidarität und Kooperationsfähigkeit,
- ausgewogene Balancierung von Selbst- und Fremdkontrolle.

3.2.1 Projektarbeit

Projektarbeit hat zum Ziel, Leben, Lernen und Arbeiten so zu verknüpfen, dass ein wichtiges und den Interessen der Beteiligten entgegenkommendes Problem gemeinsam bearbeitet (Prozess) und zu einem Ergebnis (Produkt) geführt wird. Hierbei sollen die Schüler lernen, Arbeits- und Lernprozesse zunehmend selbstständig zeitlich wie inhaltlich zu organisieren und zu strukturieren.
Gegenstand des Projektunterrichts können sowohl fachspezifische als auch fächerübergreifende oder schulprofilbildende Inhalte sein.

Projektarbeit nimmt seit Jahren einen zunehmenden Stellenwert in den Schulen ein, sie ist in fast allen Schulen und in jeder Altersstufe zu einem festen Bestandteil des Lehr- und Lernangebots geworden.

Die Notwendigkeit, auf die unterschiedlichen Interessen und Voraussetzungen der Schüler einzugehen, hat an vielen Schulen zur Initiierung einer Projektwoche, zu Projektunterricht oder zu fachinternen Projekten geführt.

Die Idee der Projektarbeit in Deutschland basiert auf den Vorstellungen Deweys und Kilpatricks, das schulische Lernen nicht ohne Bezüge zu **realen**

Lebenssituationen zu organisieren, die Schüler an die Umwelt und den Alltag heranzuführen und außerschulische Lernorte in die Schule zu holen.

Projektarbeit ist die sinnvolle Ergänzung des Fachunterrichts, in der fächerübergreifendes Denken, Handlungsorientierung und innere Differenzierung sinnvoll miteinander verbunden werden können. Die Schüler sollten spätestens von Beginn der Sekundarstufe an schrittweise an die projektförmige Arbeit gewöhnt werden. Dieser Gewöhnungsprozess ist in folgenden Schritten denkbar:

Schritt für Schritt an Projektarbeit gewöhnen

- Es werden fachinterne Projekte zu einem bestimmten Thema durchgeführt,
- die Aktion bezieht sich auf zwei (oder mehr) benachbarte Fächer, in denen für einen begrenzten Zeitraum gemeinsame Planungen und Aktivitäten durchgeführt werden,
- Projektarbeit findet fächerübergreifend zu einem konkreten Thema in einer Klasse (oder einem kompletten Jahrgang) statt oder
- wird als Projekt der gesamten Schule zu einem Oberthema durchgeführt.

Projektlernen ist geeignet, komplexe Lernziele zu verfolgen. Es schult das interdisziplinäre Arbeiten und fördert das vernetzte Denken. Wichtigstes Kriterium für den Projektunterricht ist die gemeinsame Planung von Lehrern und Schülern. So können die unterschiedlichen Interessen und Fähigkeiten der Schüler für einzelne Vorhaben, Erkundungen oder Präsentationen genutzt werden. Diese Möglichkeit der Interessendifferenzierung ist gewollte Voraussetzung zur Unterrichtsgestaltung.

Fachliche Inhalte werden zugleich mit dem Nachdenken über die Methoden und Bedingungen der Arbeit gelernt, Transfermöglichkeiten wegen der freieren und offeneren Arbeitsweise besser genutzt. Erkenntnisse über Zusammenhänge erfolgen konstruierend, handelnd und denkend.

Leider ist an manchen Schulen der Projektunterricht auf eine Projektwoche mit Alibicharakter im Schuljahr beschränkt, bei dem jeder seinem Hobby frönt – für den Rest des Schuljahres findet „normaler" Fachunterricht statt. So wollen wir Projektarbeit auf keinen Fall verstanden wissen. Projektarbeit sollte zum festen Bestandteil des Schulcurriculums – auch der einzelnen Fächer – werden, denn so können Schüler am besten in Zusammenhängen und konkreten Situationen planen und lernen.

Projektlernen kann auf die Schülerinnen sehr motivierend wirken, wenn Freiräume für selbst organisiertes Lernen gelassen werden – zum Beispiel bei dem an einigen Schulen inzwischen erprobten Großprojekt „Schule als Staat".

Mehrere Ebenen mit Differenzierungsmöglichkeiten

Vielfältige Differenzierungsmöglichkeiten sind auf mehreren Ebenen vorhanden.

In Bezug auf die **Organisation** der Projektarbeit:
- Soll ein spezieller Projektstundenplan erstellt werden?
- Wer kann was vorbereiten bzw. betreuen?
- Wer stellt Kontakte zu Experten her und bereitet entsprechende Expertenbefragungen vor?
- Welche Exkursionen sind geplant und wer bereitet sie vor?
- In welchem Umfang sollen und können die Schüler ihre Arbeit selber strukturieren?
- Welche unterschiedlichen Zugangs- und Handlungsmöglichkeiten bieten die Arbeiten und Aufgaben?
- Wie ist und wer bestimmt das Verhältnis von Pflichtaufgaben und selbstgewählten Schwerpunkten?

In Bezug auf die **Inhalte**:
- Werden Aufgaben und Arbeiten für unterschiedliche Lernniveaus formuliert?
- Welche unterschiedlichen Niveaus sollen bearbeitet werden und wer entscheidet darüber, welcher Schüler welches Niveau wählt?
- Wie wird das Verhältnis von Projektarbeit und Fachunterricht geregelt?
- Wie wird vernetztes, fachübergreifendes Denken gefördert?

In Bezug auf die **Ergebnissicherung**:
- Auf welche Art und Weise sollen Ergebnisse präsentiert werden?
- Wer bereitet diese Präsentation vor?
- Mit welchen Methoden wird die Arbeit dokumentiert und konserviert?
- Welche Gruppen von außerhalb, die nicht direkt an der Projektarbeit teilgenommen haben, sollen auf welche Weise in die Präsentation einbezogen werden?

3.2.2 Theaterarbeit

> In der **Theaterarbeit** als Lernform geht es um die Analyse und Wiedergabe sozialer Prozesse, um gelebte und ungelebte, lustvolle oder auch aggressive Träume, Wünsche, Gefühle und Verhaltensweisen.
> Der Schule, die ja partiell in Distanz zur Gesellschaft steht, bietet sich hier jener Raum, den wir pädagogisch als Schulkultur, als eine Art der „dritten Realität" bezeichnen können.

Früher waren Spielen und Lernen nur selten miteinander vernetzbar. Lernen war Disziplin, Spielen war – wenn überhaupt – nur außerhalb von Schule denkbar. Heute kann Spielen Teil des Unterrichts oder Teil des Schullebens außerhalb des Unterrichts sein.

Spielen bedeutet **Perspektivenwechsel** und Umstrukturierung des Vertrauten, ist ein Entdecken und Erproben, dient der Kommunikation und der Herstellung von sozialer Nähe, fördert die Kreativität und die Fantasie und kann somit nicht mehr die Gegenwelt zum Lernen sein, sondern ist eine Erscheinungsform davon. Lernen findet oft in Szenen statt, in die der Lehrer und die Schüler mit allen Sinnen eingebunden sind. Das **szenische Spiel** aktiviert die körperlichen und sprachlichen Ausdrucks- und Verhaltensweisen und bezieht sie somit als Inhalte und Potenziale mit ein.

Lernprozesse, die nicht nur eine kognitive Auseinandersetzung mit Inhalten zum Ziel haben, können so die unbewussten und vorbewussten Wahrnehmungs-, Denk- und Verhaltensmuster mit aufzeigen und diese reflektieren, sodass auch Aneignungssituation und eingebrachte Haltungen deutlich werden.

Die Überschreitung der Kindheitsgrenzen durch die Gelegenheit einer spielerischen Auseinandersetzung mit der Wirklichkeit, das Aufzeigen von Neuem und seine Verknüpfung mit Bekanntem spiegelt auch den Bildungsgedanken von der Begegnung zweier unterschiedlicher Welten wider. Schule, die ein Ort der Kultur sein will, sollte den Dialog zwischen dem Kultur erschließen und dem Kulturschaffen als notwendig aufeinander bezogen aufnehmen.

Szenische Lernprozesse sind unserer Meinung nach besonders gut dazu geeignet, Dinge in Bewegung zu setzen, die sich auf der sprachlichen oder schriftlichen Ebene nur schwer ausdrücken, beschreiben oder darstellen lassen. Voraussetzung dazu sollte eine Überlegung sein, wer oder was individuelle Handlungen und Verhaltensweisen (unbewusst oder bewusst) bestimmt und prägt.

Theaterarbeit bietet vielfältige Möglichkeiten der Differenzierung:

- Individuelle Wahrnehmungs-, Denk-, Verhaltens- und Erziehungsmuster können bewusst gemacht und verarbeitet werden.
- Über Nachahmung eignen sich Schüler traditionelle Verhaltensmuster an und verarbeiten so täglich erlebte Auseinandersetzungen mit ihrer Umwelt.
- Gesellschaftlich erstrebenswerte Einflüsse und Muster (Vorurteile, Ratschläge, Moden, Verhaltensweisen) werden reflektiert.
- Individuelle Eigenarten (Geschlecht, Aussehen, Ausdruck, vererbte körperliche Fähigkeiten) werden bewusst ausgeformt oder richten sich auf ein kulturell und sozial vorgegebenes Muster aus.
- Wünschenswerte Eigenschaften und Verhaltensweisen werden definiert, verstanden, trainiert und weitergegeben.

3.2.3 Zukunftswerkstatt

Unter dem Begriff „Zukunftswerkstatt" wird keine Unterrichtsmethode im engeren Sinne verstanden, sondern ein ganzheitliches und geschlossenes Konzept einer **Problemlöse-** und **Ideenfindungswerkstatt**. Den Kern dieses Werkstattgedankens bilden die drei Phasen „Kritik – Fantasie – Verwirklichung". Das konsequente und stringente Einhalten dieser Phasierung bildet die gedankliche Klammer und Leitidee der Zukunftswerkstatt.

Entwickelt wurde dieses Gegenmodell zu jeder Form autoritärer Entscheidungsfindungsprozesse von dem Zukunftsforscher Robert Jungk (1913–1994). Wenn Menschen mit ihren Lebensbedingungen nicht mehr einverstanden sind, suchen sie nach Möglichkeiten der Mitbestimmung zur Veränderung. Die so entstandene Idee der Zukunftswerkstatt wurde in den Bürgerinitiativen der Sechziger- und Siebzigerjahre erprobt.

Zukunftswerkstätten lassen sich durch folgende Begriffe beschreiben:

- soziales Problemlösungsverfahren,
- zielgerichtetes Vorgehen,
- methodisch-kreatives Arbeiten in Gruppen,
- offener Prozess, der inhaltlich von den Teilnehmern bestimmt wird.

Übergeordnetes Ziel einer Zukunftswerkstatt ist die Verknüpfung des herkömmlichen rational-analytischen Denkens mit dem (zu häufig unterdrückten) intuitiv-emotionalen Denken.

Eine Zukunftswerkstatt besteht aus drei klar voneinander abzutrennenden Phasen.

Drei Phasen einer Zukunftswerkstatt

1. Kritikphase

Dieser Phase geht eine sogenannte Vorbereitungsphase voraus, d.h., das Thema wird von den Teilnehmern gemeinsam bestimmt und notwendige Arbeitsmaterialien und Räumlichkeiten sollten zur Verfügung stehen.

In der Kritikphase haben dann die Teilnehmer die Möglichkeit, alles zu kritisieren, was ihnen an dem Sachverhalt / dem Problem / der Entwicklung missfällt und was sie stört. Diese Kritik wird visualisiert, systematisiert und bewertet. So entstehen thematische Schwerpunkte, die die Grundlage für die nachfolgende Phase bilden.

2. Fantasiephase

In der Fantasie- und Utopiephase werden zunächst zu möglichst allen Kritikpunkten positive Alternativen gesucht. Diese Ideen werden visualisiert, systematisiert und bewertet. In ganzheitlichen Lern- und Lebenssituationen können dann die Teilnehmer alleine oder in Gruppen ihre erträumten idealen Situationen, Problemlösungen und Utopien „ausfantasieren".

3. Verwirklichungsphase

Die Verwirklichungs- und Umsetzungsphase greift die zentrale Idee der Fantasiephase auf, unterwirft sie einer kritischen Prüfung, analysiert die Widerstände gegen die Verwirklichung und versucht dann konkrete Wege, Verfahren oder Initiativen zu beschreiben, um das zunächst für utopisch gehaltene Ziel zu erreichen.

Dieser Phase kann eine Evaluationsphase folgen, falls beabsichtigt wird, das gemeinsame Projekt weiterzuführen, oder wenn die angestrebten Veränderungen noch nicht eingetreten sind.

In der täglichen Unterrichtspraxis finden sich Zukunftswerkstätten eher selten. Das mag an den fehlenden Erfahrungen im Umgang mit dieser Arbeitsform liegen. Zukunftswerkstätten binden alle Schüler mit ihren individuellen Meinungen und Positionen in den Arbeitsprozess ein. Das von den Schülern gefundene Thema erzeugt Betroffenheit, berücksichtigt ihre Interessen und lässt Entscheidungsmöglichkeiten zu. Die Schüler werden zur Kreativität und Demokratisierung aufgefordert, sie sollen durch die Kommunikation mit anderen Vorschläge zur Umsetzung ihrer konkreten Utopien entwickeln.

Vielfältige Differenzierungsmöglichkeiten ergeben sich zum einen aus den unterschiedlichen Voraussetzungen der Schüler – jeder Schüler bringt entsprechend seiner alltäglichen Erfahrungen Kritik- und Umsetzungsideen ein – und zum anderen aus den individuellen und vereinbarten Darstellungs- und Verwirklichungsmöglichkeiten in den einzelnen Phasen.

3.3 Gemeinsamer Unterricht

Als gemeinsamer Unterricht wird die Form des Unterrichtens bezeichnet, die über größere Strecken **frontal vor der gesamten Klasse** oder Lerngruppe abläuft. Er ist vom Lehrer geplant und vorbereitet worden, seine Organisationsstruktur ist straff und eindeutig und die Inhalte sind – bezogen auf das jeweilige Alter und die Lerngruppe – den Schülern weitgehend unbekannt und entsprechend anspruchsvoll.

Bausteine des gemeinsamen Unterrichts

Die einzelnen Bausteine dieser Grundform entstehen aus der je individuellen Kombination curricularer Vorgaben (Rahmenrichtlinien, Lehrpläne) und den persönlichen Vorlieben, Stärken und Schwächen der Lehrkraft.

Ausgehend von der grundlegenden Vorstellung des **„Lernens im Gleichschritt"** gehören folgende weitere Grundvoraussetzungen zum gemeinsamen Unterricht:

- Die Planung und Durchführung liegen sowohl auf der fachlichen wie auf der didaktisch-methodischen Seite völlig in der Hand des Lehrers.
- Individuelle Lernwege werden ebenso wenig berücksichtigt wie verschiedene Lerntypen, die Vermittlung erfolgt überwiegend kognitiv in Form von Sprache, visuellen und auditiven Medien.
- Phasenweise eingeschobene Einzelarbeit ist typisch für den gemeinsamen Unterricht, jeder Schüler arbeitet trotz der üblichen Sitzordnung für sich alleine.
- Ein festgesetzter Zeitrahmen für das Stoffpensum wird vom Lehrenden ebenso festgelegt wie die Rhythmisierung des Lernprozesses mit klar definiertem Anfang, Mittelteil und Ende.

Die Organisationsform des gemeinsamen Unterrichts ist sprachlich vermittelt und vom Lehrer gelenkt, der seinen fachwissenschaftlichen und -didaktischen Wissensvorsprung gezielt zur „Belehrung" der Schüler einsetzt. Dementsprechend sind die Methoden lehrerzentriert und sprachlich/kognitiv.

Das fragend-entwickelnde Unterrichtsgespräch in Kombination mit dem Lehrervortrag ist die vorherrschende Methode. Offenere Gesprächsformen vom freien Brainstorming bis zur problemzentrierten Debatte sind durchaus üblich, zum Beispiel im Klassenunterricht, aber im Vergleich eher selten. Wissenschaftspropädeutische Vorgehensweisen sind in den Abschlussklassen der weiterführenden Schulen curricular vorgesehen.

Es werden hauptsächlich die klassischen Unterrichtsmedien eingesetzt wie Tafel, Tageslichtprojektor, Videorekorder, Schulbücher und Arbeitsblätter, der Lernort ist in aller Regel der Klassen- oder Fachraum.

Die Selbstverantwortung der Schüler für den Lernprozess ist beim gemeinsamen Unterricht im Vergleich zu den anderen Grundformen gering:

Inhalte, Methoden und Medien werden den Schülern ebenso vom Lehrer vorgegeben wie die Lernkontrollen.

Die vorrangigen Ziele des gemeinsamen Unterrichts lassen sich wie folgt zusammenfassen:

- Vermittlung von möglichst effizienten Aneignungsstrategien zur Erlangung von Sachkompetenz,
- Entwicklung von Gesprächsstrategien,
- Einübung in die von außen gesteuerte Leistungsorientierung,
- Gewöhnung an regelmäßige Fremdkontrollen,

aber daneben auch ungewollt

- „Training" von Schülernebentätigkeiten,
- Entwicklung von „Lernverhinderungsstrategien": interessiertes Gesicht machen, aber nicht zuhören; interessiert nicken, ohne wirklich etwas verstanden zu haben; hinter dem breiten Rücken des Vordermanns in Deckung gehen usw.

Möglichkeiten der Differenzierung ergeben sich im gemeinsamen Unterricht durch

- den Einsatz visueller oder auditiver Materialien,
- Medien zur individuellen Unterstützung und während der Phasen der Einzelarbeit,
- didaktisch entsprechend aufbereitete Arbeitsblätter und Aufgaben aus dem Schulbuch und
- individuelle, differenzierende kompetenzorientierte Aufgabenstellungen.

3.3.1 Präsentation

> **Präsentationen** sind ein zumeist thematisch orientierter und sprachlich vermittelter Unterricht, in dem der Lernverband gemeinsam unterrichtet wird und in dem meistens der Lehrer – zumindest dem Anspruch nach – die Arbeits-, Interaktions- und Kommunikationsprozesse steuert und kontrolliert. Frontalunterricht und Lehrervortrag sind die am häufigsten genutzten Arbeitsformen.

Präsentationen werden durch folgende Merkmale charakterisiert:

- In Präsentationen übernimmt die Lehrkraft (in Ausnahmefällen: der oder die präsentierende/n Schüler) die wesentlichen Steuerungs-, Kontroll- und Bewertungsaufgaben.
- Die direkte Zusammenarbeit der Schüler untereinander wird nur begrenzt zugelassen – die Kommunikation zwischen Lehrendem und Lernenden steht im Vordergrund der Aufmerksamkeit.

- In der Mehrzahl der Fächer müssen die Schüler den größeren Teil der Zeit sitzend zubringen und dabei nach vorn an die Tafel bzw. in das Heft oder Schulbuch schauen.
- Präsentationen sind überwiegend thematisch orientiert. Das heißt, dass eine kognitive Strukturierung des Unterrichtsablaufs vorherrscht.
- Die Wirklichkeit, die durch das methodische Handeln von Lehrenden und Lernenden im Unterrichtsprozess hergestellt wird, ist überwiegend sprachlich, nur zum Teil bildlich und kaum über aktive Schülerhandlungen vermittelt. Dabei ist der Sprechanteil des Lehrers regelmäßig höher als der aller Schüler einer Klasse zusammen.

Ablauf einer Präsentationsstunde

Der typische Ablauf einer Präsentationsstunde könnte folgendermaßen aussehen:
- Stundeneröffnung (Begrüßung, Organisatorisches, Hausaufgabenkontrolle …),
- Unterrichtseinstieg (Darbietung des Themas),
- konstruktives Arbeiten am Thema mithilfe des durch den Lehrer gelenkten, fragend-entwickelnden Unterrichtsgesprächs,
- Ergebnissicherung (wiederholendes Üben, Zusammenfassung durch Lehrer oder Schüler),
- problemorientiertes Anwenden.

Typische Medien für Präsentationen sind Tafel, Schulbuch, Arbeitshefte, Overhead-Projektor, Anschauungstafeln, Landkarten, Videorekorder, Computerprogramme wie PowerPoint usw.

Ein Feedback oder eine fest institutionalisierte Unterrichtskritik sollte in jedem Fall am Ende einer Präsentation stattfinden. So lassen sich konkrete Rückschlüsse für die Vorbereitung der nächsten Präsentationen ziehen.

Präsentationen sind gut geeignet, um sachliche Zusammenhänge, Probleme und Fragestellungen aus der Sicht des Lehrers darzustellen. Es ist deshalb konsequent, sie dann einzusetzen, wenn eine allgemeine Orientierungsgrundlage hergestellt, ein neues Wissensgebiet dargestellt, Arbeitsergebnisse gesichert oder Leistungsstände der Schüler überprüft werden sollen.

Präsentationen erziehen aber fast zwangsläufig zur Passivität und Anpassung, zum Ruhe-, Ordnung- und Disziplinwahren. Sie sind ihrer Struktur nach konservativ – auch dort, wo die vom Lehrer vermittelten Inhalte und Einstellungen fortschrittlich, radikal neu oder innovativ sind.

Präsentationen sind daher effizienter als andere Arbeitsformen, um einen Sach-, Sinn- oder Problemzusammenhang aus der Sicht und mit den Mitteln des Lehrers darzustellen, aber kaum dazu geeignet, die Selbstständigkeit des Denkens, Fühlens und Handelns der Schüler zu entfalten.

Viele Lehrer täuschen sich immer wieder über den Umfang ihres Lehrerfolgs beim Präsentieren. Der Lehrer will möglichst alle Arbeits- und Interaktionsprozesse steuern und kontrollieren. Dies bezieht sich aber nur auf das, was offiziell zur Sprache kommt. Was in den Köpfen, Herzen und Körpern der Schüler vorgeht, hat der Lehrer nicht unter Kontrolle.

3.3.2 Lehrgang

> Ein **Lehrgang** erschließt ein Wissens- und Könnensgebiet in systematischer, d.h. curricular und methodisch geordneter Form. Ein Lehrgang hat einen klar definierten Anfang und ein Ende, er hat ausgewiesene Eingangsvoraussetzungen und ebenso deutliche Abschlussbedingungen.
> Er ist in der Regel als Fachunterricht organisiert, und die dominierende Sozialform ist der Frontalunterricht (zeitlich begrenzte Abschnitte mit innerer Differenzierung können eingeschoben werden). Der Lernfortschritt der Schüler wird regelmäßig kontrolliert.

Fachunterricht ist ein überwiegend lehrgangsförmig organisierter Unterricht, der seine Themenstellungen und Aufgaben aus dem korrespondierenden Schulfach ableitet. Er soll den Schülern die Wirklichkeit der Welt aus einer bestimmten, durch die Tradition des Schulfaches vorgegebenen Perspektive erschließen. Lehrgänge sind meistens lehrerzentriert, können aber phasenweise auch schülerorientiert sein. Der Lehrgang ist die am häufigsten praktizierte Variante des gemeinsamen Unterrichts.

Der Stellenwert des ausschließlich in Lehrgängen organisierten Fachunterrichts für den Bildungsgang der Schüler ist einem fortwährenden, oft aber kaum bemerktem Wandel unterworfen – dies gilt heute mehr denn je: Je mehr die Wissensvermittlung innerhalb und außerhalb der Schule über die neuen Medien und sonstige Informationsquellen erfolgt, desto mehr ändert sich auch der Stellenwert der Lehrgänge und des herkömmlichen Unterrichts.

Die bloße Vermittlung neuen Wissens wird zunehmend in den Hintergrund treten. Ihre Stelle ersetzen Hilfestellungen des Lehrers bei der Zusammenführung, Ordnung und Systematisierung des an vielen Orten erworbenen, oft aber fragmentarischen und noch unverdauten „Inselwissens".

Die dominierende Sozialform des Lehrgangs ist zwar der **Frontalunterricht**, die Lerngruppen können aber für einen begrenzten Zeitraum in Einzellernende aufgeteilt (Einzelarbeit) werden. Diese Möglichkeit der Differenzierung bezieht sich aber nicht auf die spezifischen Qualitäten des einzelnen Schülers, denn es gibt keine speziell auf den Einzelnen zugeschnittene Aufgaben zur Bearbeitung, sondern alle Schüler gehen allein ihren Lernaufgaben nach und arbeiten – trotz der Sitzordnung, die im Regelfall die Kooperation ermöglicht – jeder für sich. So werden weder Sozial- und Handlungskompetenz noch Kooperationsfähigkeit oder Selbstständigkeit gefördert, aber die Schüler lernen, sich konzentriert und intensiv über längere Zeit einer Aufgabe zu widmen. Da immer mehr Schüler Probleme haben, über einen gewissen Zeitraum wirklich konzentriert zu arbeiten, ist diese Form der Einzelarbeit innerhalb des Lehrgangs über kurze, festgelegte Phasen zunehmend wichtig.

Die am häufigsten genutzte Methode des Lehrgangs ist das **fragend-entwickelnde Unterrichtsgespräch**. Der Lehrer übernimmt die sprachliche Führung im Unterricht, Beiträge von Schülern dienen nur der Bestätigung der Lehrerideen oder sind Ergänzungen der Lehreräußerungen und Fortführungen.

Lehrer machen sich häufig falsche Vorstellungen über den Erfolg dieses Unterrichts oder über die Menge an neuen Informationen, die sie an die Schüler weitergeben. Oft werden gar keine neuen Informationen vermittelt, sondern nur der sprachliche Umgang miteinander trainiert.

3.3.3 Kursarbeit

Kursarbeit bezeichnet eine thematisch in sich abgeschlossene, lehrgangsförmig organisierte Unterrichtseinheit an der Grenznaht zum außerschulischen Lernen.
Sie definiert sich dadurch, dass sie schwerpunktmäßig nicht nur Wissen vermittelt, sondern Kenntnisse und Fähigkeiten, die durch einübendes Wiederholen und vertieftes Training zur Routinebildung und zum Ausbau von Fertigkeiten führt.

Mit Kursarbeit ist also keine Klausur in einem Oberstufenkurs gemeint, sondern zum Beispiel ein Kurs zum Mofafahren, für Erste Hilfe, zur Verkehrserziehung oder Selbstverteidigung, zur Berufsorientierung usw. Allen Kursen ist gemeinsam, dass sie **festgelegte Inhalte**, **verbindliche Unterrichtsziele** und einen klaren **Zeitrahmen** haben. Es gibt häufig eine Zusammenarbeit mit außerschulischen Institutionen wie den Volkshochschulen, aber auch privaten Organisationen wie dem Roten Kreuz und anderen karitativen Einrichtungen oder auch Sportstudios. Da viele dieser Kurse mit der Aushändigung eines Zertifikats abschließen, ist die Teilnahme – wenn einmal begonnen – verpflichtend.

Viele dieser Kurse sind für heutige Jugendliche obligatorisch (zum Beispiel der Erste-Hilfe-Kurs für den Führerschein) oder dringend empfehlenswert (zum Beispiel Selbstverteidigung für Mädchen), daher werden diese Kurse häufig in der Schule angeboten und von Lehrern alleine oder in Kooperation mit einem außerschulischen Lehrgangsleiter betreut. Die didaktische Situation unterscheidet sich allerdings ziemlich von der des üblichen Schulunterrichts.

Die Kurse haben eng festgelegte, häufig stark reduzierte Inhalte und verbindliche Unterrichtsziele. Die Differenzierung erfolgt hier eher auf der pragmatischen und psychomotorischen Ebene durch entsprechende Schwerpunktbildung. Dies hat den Vorteil, dass die in den meisten Fächern sonst dominante kognitive Lernebene in den Hintergrund tritt und die Schüler differenziert in der Entwicklung von Einstellungen und im Erlernen und Einüben von Fertigkeiten gefördert werden können.

Kursarbeit in das schulische Curriculum einbinden

Wünschenswert wäre unserer Meinung nach daher eine institutionalisierte Einbindung der Kursarbeit in das schulische Curriculum, da diese Form der gemeinsamen Arbeit gerade die kognitiv Schwächeren stützt, die zum Beispiel im psychomotorischen Bereich besonders stabil sind, besonderes Geschick bei der Ausführung von Handarbeiten haben usw.

3.3.4 Klassenunterricht

> Das thematische Reservoir des **Klassenunterrichts** stammt nicht aus den Schulfächern, sondern aus interaktionellen und pragmatischen Problemen in der Klasse.
> Klassenunterricht ist ein gemeinsamer undifferenzierter Unterricht mit dem Ziel der Bewältigung des Schullebens. Er schafft die Grundlagen für die Teilnahme am individualisierenden und kooperativen Unterricht. Er bietet den Rahmen für die Demokratisierung des Schullebens.

Frei von üblichen Unterrichtszwängen

Klassenunterricht ist von allen üblichen Unterrichtszwängen (Fachsystematik, Schulcurriculum usw.) befreit. Er findet in Form von Morgenkreis, Sitz- oder Stuhlkreis, Kreisgespräch, Diskussion oder Debatte als Gesamtunterricht der ganzen Klasse statt. Der Lehrer ist Gesprächsleiter, strukturiert und gibt Regeln und Rituale vor. Er geht flexibel auf die Schüler ein.

In besonderen Situationen, zum Beispiel im Klassenrat, übernehmen ein oder mehrere Schüler diese Aufgabe. Inhaltlicher Schwerpunkt des Klassenrates sind die Probleme, Auseinandersetzungen oder auch Absprachen der Schüler untereinander. Somit erscheint es sinnvoll, die von den Schülern verabredeten Themen vom Schüler geleitet zu diskutieren. Das Ziel des Klassenunterrichts ist die Herstellung einer Lernsituation, in der die Schüler bereit sind, sich untereinander zu verständigen, sich zu beteiligen, ihre Ideen und Vorstellungen einzubringen, ihre Positionen zu verdeutlichen und ihre Überzeugungen eventuell zu überdenken. Die Schüler sollen im

Klassenunterricht lernen, auf die Beiträge ihrer Mitschüler und des Lehrers einzugehen und wichtige von unwichtigen Äußerungen zu unterscheiden.

Differenzierung findet nach didaktischen Kriterien statt.

- Je nach Lernbereitschaft und -interesse der Schüler bringen sie sich mehr oder weniger in die Gesprächsrunde ein.
- Sie erwerben durch das Zuhören und das Rücksichtnehmen auf andere sowohl Sozial- als auch Methodenkompetenz.
- Hilfestellungen können für schwächere Schüler dadurch gegeben werden, dass sie sich zu dem anzusprechenden Thema vorher Notizen machen, auf die sie dann in der Gesamtrunde zurückgreifen können. So fühlen sie sich sicherer und trauen sich eher, an Diskussionen teilzunehmen.

Durch den Klassenunterricht wird wie in anderen Gesprächen auch die Sprach- und Ausdrucksfähigkeit gefördert. Die Schüler müssen in kürzester Zeit Informationen aufnehmen, verstehen, speichern und vernetzen. Ihre alltäglichen Lebenserfahrungen bilden hier die Grundlage zur Vernetzung. Das ist sicher nicht ganz einfach, fördert aber die Kommunikation untereinander – denn jeder Schüler hat je individuelle Erfahrungen einzubringen. Dadurch wird ebenfalls das Klassengefühl gestärkt.

Die Schüler lernen sich besser untereinander kennen, schätzen und respektieren. Die Form der Gespräche – ob freie oder gebundene – ist abhängig vom Thema. Im Vordergrund des Klassenunterrichts steht die ganzheitliche Erziehung, denn zum Beispiel durch einen Morgenkreis lassen sich wichtige Grundlagen und Voraussetzungen für die tägliche Unterrichtsarbeit schaffen. Klassenunterricht kann auch zur Präsentation der Arbeitsergebnisse genutzt werden. So kann der Lehrer sich einen Überblick über die bearbeiteten Aufgaben verschaffen, und die Schüler verdeutlichen ihren Wissensstand und erfahren den der anderen.

Ein weiterer sinnvoller Einsatz bietet sich im Besprechen der Leistungsstände und der Leistungsbeurteilung. Durch die ausführliche Besprechung der Noten und ihrer Beurteilungskriterien können die Schüler ein Gefühl für Gerechtigkeit entwickeln.

Klassenunterricht sollte möglichst ritualisiert werden, denn er verbessert die Gesprächskultur innerhalb der Klasse und die sprachliche Ausdrucksfähigkeit des Einzelnen.

3.3.5 IT-Arbeit

> Unter **IT-Arbeit** (IT = Informationstechnologien) verstehen wir die gemeinsame Arbeit einer gesamten Klasse oder Lerngruppe mit neuen Technologien. Voraussetzung für dieses Konzept ist ein entsprechend ausgestalteter Fachraum, der folgenden Bedingungen genügen muss:
> - eine genügend große Anzahl von Rechnern, sodass zwei (maximal drei) Schüler sich einen Arbeitsplatz teilen,
> - die Vernetzung dieser Rechner, sodass der Lehrer von seinem Arbeitsplatz (Lehrerrechner) aus Zugriff auf die anderen Geräte hat,
> - ein interaktives Board (Whiteboard, Smartboard),
> - ein Internetanschluss.

Alle im Kapitel „Digitalisierung" vorgestellten konzeptuellen Überlegungen gelten auch für die IT-Arbeit, sie ordnen sich aber bei dieser Form des gemeinsamen Unterrichts in ein anderes didaktisches Konzept ein. Der Computer ist bei der IT-Arbeit kein bloßes Hilfsmittel zur Vertiefung des auf andere Weise erarbeiteten Lernstoffes, sondern das **zentrale Medium**, das sowohl den methodischen Umgang als auch den inhaltlich-fachlichen Rahmen des zu erlernenden Stoffes präferiert.

Während der Computer in den Siebziger- und Achtzigerjahren im Prinzip nichts anderes war als eine besonders komfortable Schreibmaschine, ein leistungsfähiger Taschenrechner und ein Spielgerät, hat die Entwicklung der Rechnerkapazität – kombiniert mit dem rasanten Ausbau des Internets – heute längst eine neue Qualität erreicht und den Zugriff auf fachliche Inhalte stark verändert: Die Verfügung über gigantische Mengen enzyklopädischen Wissens ist heute weltweit und fast ohne jeden Zeitverzug von jedem beliebigen Internetanschluss aus gegeben.

Suchstrategien im Internet (und auf lexikalischen CD-ROMs) unterscheiden sich von den klassischen Methoden des Bibliographierens, der Umgang mit Suchmaschinen und die Stichwortsuche gehören für heutige „Internetkids" zum selbstverständlichen Alltag.

Das zunehmend wachsende Problem der Internetcommunity besteht nicht mehr im Zugang zu Informationen, sondern in der sinnvollen Auswahl derselben sowie im Umgang mit ihnen.

Das Internet erstickt an seiner eigenen Datenüberfülle, sodass die Schüler lernen müssen, mit strukturellem und vernetztem Denken gezielt eine vergleichsweise geringe Menge von Informationen zusammenzuführen – in dieser Syntheseleistung wird in Zukunft der eigentliche Lernerfolg begründet sein.

Aus diesen fachlichen und methodischen Entwicklungen, die wir als Lehrer nicht beeinflussen können, und der technischen Einrichtung des Medienraumes ergeben sich für die IT-Arbeit auch und gerade im Hinblick auf die innere Differenzierung eine ganze Reihe von Chancen und Möglichkeiten:

- Obwohl alle Schüler einer Klasse in dieser gemeinsamen Form des Unterrichts an einer für alle gleichen Basisaufgabe arbeiten, ergeben sich durch den individuellen Zugriff auf jeden Schülerrechner für den Lehrer vielfältige Möglichkeiten unterschiedlicher Arbeitsaufträge.
- Schüler entwickeln individuelle Kompetenz, um medial vermittelte Inhalte zu verstehen, zu interpretieren und auf die eigenen Bedürfnisse und Interessen beziehen zu können.
- Schüler gewöhnen sich im produktiven Umgang mit den neuen Medien an schnelle, hauptsächlich optisch beeinflusste Entscheidungen.
- Dem Lehrer obliegt es, die Schüler in die Lage zu versetzen, bei diesen Entscheidungsprozessen kritisch Wesentliches von funktionslosem „Augenfutter" zu trennen – da er sich in jeden Rechner einloggen kann, ist dies individuell für jeden Einzelnen möglich.
- Einen nicht unbeträchtlichen Reiz für Schüler übt bei der IT-Arbeit das weltweite Chatten, Twittern und Bloggen aus. Im Bereich des Fremdsprachentrainings gibt es viele mögliche Gesprächsanlässe, in Bezug auf die anderen Unterrichtsfächer sollte der Lehrer darauf achten, dass nicht nur banale Alltäglichkeiten ausgetauscht werden.

Die Übergänge zur Einzel- und Partnerarbeit am Computer sind fließend und zudem um den Bereich „Umgang mit interaktiven CD-ROMs" erweiterbar: Wenn im Klassenraum die technischen Möglichkeiten vorhanden sind, können einzelne Schüler IT-Arbeit in der oben beschriebenen Form ausüben, und umgekehrt kann in Arbeits- und Übungsstunden mit der gesamten Lerngruppe im Computerraum an verschiedenen Lernsoftwares gearbeitet werden, ohne dass sich an den Differenzierungsmöglichkeiten etwas Grundsätzliches ändert.

Interaktive CD-ROMs, Lexika, Enzyklopädien, Text- und Materialsammlungen können ebenfalls sowohl in der Computer- wie der IT-Arbeit eingesetzt werden. Die Arbeit mit ihnen unterscheidet sich zunächst deutlich von der üblichen Nachschlagetechnik, denn die sekundenschnelle Suche über Hypertext und Stich- und Schlagworte bietet eine zusätzliche Option im Vergleich zum Buch.

Instrumente der Differenzierung

4

Der Begriff „Instrument" bedeutet so viel wie Gerät oder Werkzeug. Die meisten werden zunächst den Begriff des Musikinstruments damit assoziieren, ein Gerät also, mit dem wir Töne und Klänge hervorbringen können. Bezogen auf unser Differenzierungskonzept sind die Instrumente **Werkzeuge zur Hervorbringung und Weiterentwicklung individueller Fähigkeiten und Fertigkeiten**. Um ein Werkzeug oder Instrument nutzen oder damit spielen zu können, sind gewisse Kompetenzen erforderlich – ein Skalpell ist in der Hand des medizinisch Ungebildeten ebenso nutzlos wie eine Geige für denjenigen, der die Fertigkeiten des Geigespielens nicht erlernt hat.

Dieses Bild lässt sich auf die schulische Situation übertragen und erweitern: Die Beherrschung der Instrumente ermöglicht und normiert die zielorientierte und werkgerechte Arbeit von Lehrer und Schüler, d.h., die Beherrschung beschränkt sich nicht nur auf den Lehrer, sondern muss auch an die Schüler weitergegeben werden. Mithilfe der Instrumente eignen sich die Schüler Wissen, Fähigkeiten und Fertigkeiten an. Das damit verbundene Ziel ist, den Lehrer überflüssig zu machen, denn erst dann, wenn die Schüler gelernt haben, die Werkzeuge und Instrumente selbstständig sinnvoll und angemessen einzusetzen, sind sie auf eine Anleitung durch den Lehrer nicht mehr angewiesen. Schüler werden also sukzessive eine individuelle Interessen- und Wahldifferenzierung vornehmen.

Wir werden in dem folgenden Kapitel den Fragen nachgehen,

- welche Instrumente zur Differenzierung es gibt,
- welche Anforderungen ein Instrument erfüllen muss,
- welche Ziele wir mit dem Instrument verfolgen und
- welche Einsatzmöglichkeiten es gibt.

Die Instrumente können hier nur in ihrer Form und in ihrem vorgesehenen Nutzen beschrieben werden. Wie sie konkret eingesetzt werden (wie virtuos ein Musikinstrument klingt), bleibt den Fertigkeiten des Lehrers und der Schüler überlassen. Wir beschreiben kein Konzept, keine Bedürfnisse und keine Auswirkungen, und wir können keine Rezepte liefern. Wir können Sie nur dazu ermuntern, sich die Instrumente auszuwählen, die Ihnen für Ihren Unterricht am geeignetsten erscheinen, und sie so oft wie möglich zum Einsatz zu bringen – Übung macht den Meister!

Für jede Grundform des Unterrichts passende Instrumente

Wir haben die einzelnen Instrumente jeweils einer der drei Grundformen des Unterrichts zugeordnet, aber die meisten von ihnen sind auch in den anderen beiden Grundformen einsetzbar (Vorträge können zum Beispiel auch im kooperativen Unterricht vor kleinen Gruppen gehalten, Arbeitspläne auch kooperativ bearbeitet werden). Für die Darstellung in diesem Buch haben wir uns aber für das Affinitätsprinzip entschieden und das jeweilige Instrument der Grundform zugeordnet, die für uns die naheliegende war.

Die Unterkapitel sind jeweils gleich aufgebaut: Die einzelnen Instrumente werden zunächst **beschrieben** und begrifflich geklärt, dann beschreiben wir die notwendigen Voraussetzungen und die Vorbereitung, die der Lehrer beim Einsatz dieses Instrumentes beachten und treffen muss. Anhand eines Beispiels wird anschließend in der Durchführung erläutert, wie das jeweilige Instrument zum Einsatz kommen kann.

Den zweiten Teil bildet ein **didaktischer Kommentar**, der den Gebrauch des Instruments unter zwei Aspekten reflektiert:

- *Differenzierungsmöglichkeiten*: Welche spezifischen Zugangs- und Handlungsmöglichkeiten bietet dieses Instrument in Bezug auf die individuelle Förderung der Schüler, welche Herausforderungen für die Lernenden hält es bereit?
- *Schülerrolle und Lehrerrolle*: Wie ist das Verhältnis von Lehrer- und Schülerposition beim Einsatz dieses Instruments, welche Veränderungen und Dynamiken lässt es zu, welche traditionellen Verkrustungen können aufgehoben werden?

Wir möchten Sie dazu ermuntern, jeweils für einen gewissen Zeitraum zu planen, wie Sie in Ihrem Unterricht eine angemessene Mischung der drei Grundformen realisieren können. Wenn Sie sich weiter überlegen, welche Kompetenzen die Schüler in Ihrem Unterricht erwerben sollen und durch welche Form der Differenzierung dieses am ehesten zu erreichen ist, dann ergibt sich daraus die Wahl des passenden Instrumentes. Die Form der didaktischen Differenzierung wählen Sie gemäß der Lernvoraussetzungen Ihrer Klasse oder Ihres Kurses (dadurch wird der Einsatz der Instrumente ergänzt und erweitert durch visuelle Hilfen, akustische Beispiele, zeitliche Vorgaben, Zusatzaufgaben usw.).

Im Unterschied zur Planung nach der sogenannten „Türklinkendidaktik" (Meyer 2001) lassen sich die Instrumente zur Differenzierung nicht spontan und relativ beliebig einsetzen und kombinieren. Der gute methodische oder fachliche Einfall – ansonsten häufig Kern oder Ausgangspunkt der Unterrichtsplanung (vgl. Greving/Paradies 1996) – muss im Fall der inneren Unterrichtsdifferenzierung hinter die sorgfältige Planung zurücktreten, da innerlich differenzierter Unterricht im Regelfall eine komplexere Struktur aufweist. Wir schlagen Ihnen folgende Planungsschritte vor:

- Lernvoraussetzungen der Schüler erkennen und bestimmen,
- Unterrichtsinhalte nach Schulcurriculum oder Bildungsplan festlegen,
- Ziele auf den verschiedenen Ebenen formulieren: Handlungs-, Selbst-, Sozial-, Methoden-, Fach- und Entscheidungskompetenzen,
- vorab klären, welche Differenzierungsinstrumente sich angesichts der Lernvoraussetzungen der einzelnen Schüler optimal eignen,
- die Unterrichtsorganisation, den Medien- und Materialieneinsatz planen,
- den Unterricht durchführen;
- zum Schluss folgen Evaluation, Feedback (Schülerkritik), Veränderung, Vertiefung, Verfestigung – gegebenenfalls übendes Wiederholen zur Intensivierung der Lerninhalte.

4.1 Instrumente der Differenzierung im individualisierenden Unterricht

4.1.1 Freiarbeit: Themenbörse

Die **Themenbörse** stellt die freieste Form individualisierender Arbeit dar und kommt dem am nächsten, was landläufig „Freiarbeit“ genannt wird. Sie führt Angebot und Nachfrage von schülerrelevanten Themen in einer Marktplatzsituation zusammen, indem Schüler für Schüler eine Palette von interessanten Themen zur Bearbeitung anbieten. Jeder wählt sich ein Thema aus, plant seine individuelle Bearbeitung (Methodeneinsatz, Medien, Literatur, Ergebnissicherung, Präsentation) und verabredet einen angemessenen Zeitplan.

Durch regelmäßige Zusammenkünfte, bei denen die momentanen Ergebnisstände besprochen, Erfahrungen ausgetauscht und Probleme bei der Bearbeitung benannt sowie diskutiert werden, findet ein kontinuierlicher Austausch statt.

Themenbörsen sind als Instrumente zur selbstständigen Erarbeitung eines Themas besonders gut geeignet. Der Lerntypus und die Leistungsstärke der einzelnen Schüler bilden die individuelle Grundlage der Arbeit an verschiedenen Inhalten.

Gut für die selbstständige Erarbeitung

Voraussetzungen und Vorbereitung

Die Einzelarbeit ist hier die vorherrschende Sozialform, die dabei auftretenden Schwierigkeiten und Hindernisse werden in regelmäßigen Treffen im Klassenunterricht besprochen. Dies können Probleme in der Methodenwahl, bei der Literaturrecherche oder bei der Vorbereitung einer Expertenbefragung sein.

Die Schüler vereinbaren von sich aus ihre individuelle Betreuung und Beratung durch die entsprechenden Fachkollegen und sprechen mit ihnen das notwendige fachwissenschaftliche Hintergrundwissen ab. Den Lehrern obliegt zudem die Aufgabe, die Schüler zu beraten, mit ihnen zu klären, welche Themen altersangemessen und interessant sind und welche Vorgehensweisen sie wählen möchten.

Durchführung

In unserer Schülerbücherei werden zu dem Oberthema „Eine Welt ohne Bücher – Digitalisierung weltweit" von Schülern vielfältige Materialien und Medien angeboten:

- Die Schüler haben zum Beispiel PC-Präsentationen, Installationen, Handouts oder Infoprospekte zu ihrem Thema erstellt.
- Die Materialien und Medien sind optisch und inhaltlich möglichst ansprechend vorbereitet und gestaltet.
- Die Schüler haben bereits Vorstellungen skizziert, wie ihr Thema möglicherweise zu bearbeiten wäre: welche Experten (auch Fachlehrer) befragt werden können, welche Experimente sinnvoll sind, wie viel Zeit benötigt wird usw.
- Die Lehrer ergänzen und erweitern die vorgeschlagenen Themen, falls einige Schüler Schwierigkeiten bei der Themenfindung haben.

Hier nun einige Themenvorschläge der Schüler:

1. Finden Veränderungen in der Literatur statt?
2. Übernimmt bald Kollege Roboter?
3. Alltäglicher Unterricht ohne Schulbücher – E-Learning
4. Fördern und Fordern online
5. Computerkrankheiten – Veränderungen in den Genen?
6. Chatten, twittern, bloggen versus Briefe schreiben
7. Versorgung und Lebenskomfort durch das Internet
8. Der maßgeschneiderte Mensch – Klonen als alltägliche Praxis
9. Elektronische Medien ersetzen gedruckte Medien – E-Books
10. Kochen mit dem PC – virtuelle Ernährung

Didaktischer Kommentar zur Differenzierung

Differenzierungsmöglichkeiten: Durch das stark individualisierende Arbeiten ergeben sich hier weit gefasste Möglichkeiten der Differenzierung. Je nach Lernvoraussetzungen fördert und fordert sich der einzelne Schüler letztendlich selbst optimal in seinen Fähigkeiten und erweitert seine Kompetenzen.

Schülerrolle und Lehrerrolle: Da bei diesem Instrument der Differenzierung von den Interessen und Vorlieben der Schüler, von ihren individuellen Fähigkeiten und Fertigkeiten ausgegangen wird, hat jeder die Möglichkeit, optimal zu lernen. Alle suchen sich den Zugang und die Vorgehensweisen aus, mit denen sie die besten Erfahrungen gemacht haben und am besten lernen können.

Oft hohe Einsatzbereitschaft

Die Einsatzbereitschaft der Schüler ist, wenn sie dieses Instrument akzeptieren, sehr hoch, daher wird meist eine bessere Leistung erreicht als im herkömmlichen Unterricht.

Die Wahl des eigenen Lerntempos ist ausschlaggebend dafür, dass sich keiner überfordert fühlt und abschaltet. Da lediglich der Zeitrahmen vorgegeben ist, liegt es in der Verantwortung der Schüler, ihre Arbeit so zu planen, dass sie zum Präsentationstermin ihre Ergebnisse vorstellen können.

Die Themenbörse ist eine gute Möglichkeit, kleinschrittig und konkret das schulische Erarbeiten von Sachgebieten zu erlernen. Während die Klasse selbstständig arbeitet, hat der Lehrer Zeit, entsprechende Hilfestellungen zu geben. In den unteren Klassen können Schwierigkeiten auftauchen, wenn die Schüler bisher wenig selbstständig gearbeitet haben.

Der Lehrer übernimmt die Rolle des Lernberaters. Er bespricht im Vorfeld mit seinen Schülern, welche Themen für die einzelnen interessant sind. Er verabredet mit ihnen, welcher Zeitrahmen eingehalten werden soll und wann die regelmäßigen Treffen stattfinden. Er hilft, entsprechende Literatur, notwendige Materialien und mögliche Medien zu beschaffen oder bereitzustellen.

Während der Bearbeitungsphasen unterstützt der Lehrer die einzelnen Schüler bei den methodischen Vorgehensweisen, bei der Dokumentation ihrer Ergebnisse und bei der sprachlich-inhaltlichen Umsetzung. Bei Schwierigkeiten im Erkenntnisprozess bemüht er sich um lerntypenspezifische Unterstützung der Schüler.

Nicht zuletzt gibt es beim Einsatz dieses Instruments auch Lernprozesse für den Lehrer, der im günstigsten Falle bemerkt, dass schulisches Arbeiten auch ohne seine Führung stattfindet.

4.1.2 Freiarbeit: Lernjournal

Unter **„Lernjournalen"** versteht man individuell vom Schüler gestaltete Hefte oder Kladden, die in einem Fach oder auch mehreren Fächern geführt werden. Die Schüler halten in schriftlicher und bildlicher Form das fest, was sie vom Unterrichtsstoff verstanden haben. Lernjournale dokumentieren den Unterricht aus der Sicht des Schülers. Sie sind nicht mit Hausheften, Fachmappen oder Protokollen zu vergleichen, denn hier stehen die Individualität und die damit verbundene persönliche Aufschreibweise im Vordergrund.

Die Schüler notieren einerseits Essentials über ihre Erfahrungen und Erkenntnisse mit dem Stoff in der ihnen eigenen Ausdrucksweise und dokumentieren so ihren individuellen Lernfortschritt, den sie immer wieder nachlesen können. Sie formulieren aber andererseits auch ihre Probleme und Schwierigkeiten, äußern Zweifel und eventuell auch Unmut über den vermittelten Fachinhalt.

Das Lernjournal dokumentiert den individuellen Lernfortschritt und die dabei auftretenden Schwierigkeiten des einzelnen Schülers. Es muss keinerlei sprachlichen Vorgaben genügen, ist für andere manchmal nicht nachvollziehbar (individuelle Strategien, um sich etwas zu merken) und es fehlt die Fachsprache (in höheren Jahrgängen je nach Fachkompetenz nicht mehr).

Grundlage für Gespräche

Lernjournale bilden die Grundlage für Gespräche zwischen dem Lehrer und dem oder den Schülern am Ende einer Unterrichtseinheit oder eines Themas. Lehrender und Lernender tauschen sich über das Lernen und das Lernverhalten aus, um Rückschlüsse über Erfolg oder Misserfolg zu ziehen und um das individuelle Lernverhalten zu analysieren und – falls erforderlich – zu verändern.

Im Lernjournal können Schüler und Lehrer nachvollziehen, wie sich der Schüler die Unterrichtsinhalte im Einzelnen angeeignet hat. Diese Hefte sollten möglichst regelmäßig und kontinuierlich geführt werden, denn nur dann führt der Dialog zwischen Lehrer und Schüler zur Verbesserung des Lernverhaltens.

Voraussetzungen und Vorbereitung

Außer dem Kauf und Anlegen eines Heftes oder einer Kladde sind keine weiteren Vorbereitungen notwendig. Die Schüler identifizieren sich sehr schnell mit ihrem Lernjournal und gestalten es individuell verschieden aufwändig.

Das Lernjournal muss nach GALLIN/RUF (1998, 90) drei Anforderungen genügen:

- Chronologie: „Alles wird schön der Reihe nach dokumentiert, genau so, wie es sich in der Auseinandersetzung mit dem Stoff und den Lernpartnern abgespielt hat."
- Ausformulierte Texte: „Im Lernjournal müssen sich auch Lernpartner und Lehrkräfte zurechtfinden können. Stichwörter und zusammenhanglose Kritzeleien genügen nicht."
- Keine Zensur: „Im Lernjournal gelten die lokalen Normen des internen Sprachgebrauchs. Beurteilt wird immer nur das, was für den nächsten Entwicklungsschritt relevant ist."

Durchführung

Das Lernjournal sollte regelmäßig entweder in jeder Stunde – wenn es kein fachspezifisches ist – oder in jeder Fachstunde geführt werden. Wir haben die Erfahrung gemacht, dass es besonders für jüngere Schüler schwierig ist, das Lernjournal parallel zum Unterricht zu führen. Deshalb haben unsere Schüler am Ende jeder Fachstunde fünf Minuten Zeit, ihre Gedanken und Überlegungen aufzuschreiben.

Die geschriebenen Texte und die gezeichneten Bilder werden von uns nicht berichtigt – es sind meist sehr persönliche Notizen –, sie werden aber kommentiert. Je nach Unterrichtsinhalt wird das Lernjournal am Ende einer Woche oder immer dann, wenn Schwierigkeiten im Umgang mit den Fachinhalten auftreten und der Schüler es wünscht, eingesammelt und besprochen. Manche Schüler stellen im Journal sogar ganz konkrete Fragen an den Lehrer, wenn sie etwas nicht verstanden haben. Sie lernen durch den Dialog mit dem Lehrer intensiver und individueller.

Die Schüler reflektieren ihren Lernweg und können nachvollziehen, welche Irrwege sie eingeschlagen haben. So entsteht aus jedem Schülerheft nach und nach ein Mitteilungsbuch zwischen Lehrer und Schüler.

Bei der Gestaltung des Heftes kann der Lehrer sehr unterschiedliche Schülerpersönlichkeiten kennenlernen: Manche teilen am unteren Rand einen Raum für den Lehrer ab oder lassen die linke Seite frei, manche lassen keinen Platz.

Bei einer Schülerin war die Abwehrhaltung zu Anfang so groß, dass der Lehrer seine Anmerkungen auf einen zusätzlichen Zettel schreiben musste. Einige der Schüler, die zunächst sehr unsystematisch vorgegangen waren, schrieben ihr Heft noch einmal ab, damit es ordentlicher aussah.

Die Hefte haben noch einen ganz anderen Stellenwert: Sie dienen zum Austausch von Gedanken und sind nicht nur auf Anweisung gefertigte Arbeiten, die von der Lehrkraft auf ihre Richtigkeit geprüft werden.

Didaktischer Kommentar zur Differenzierung

Differenzierungsmöglichkeiten: Bei der Arbeit mit Lernjournalen sind spezielle Differenzierungsmöglichkeiten nicht erforderlich. Jeder Schüler legt ja individuell für sich und entsprechend seinen Lernvoraussetzungen sein Journal an, sodass hier bereits im Instrument schon die Differenzierung steckt.

Es findet während der ganzen Zeit des Schreibens eine Interaktion zwischen Lehrendem und Lernenden statt, die sich mit „gegenseitiger Aufklärung" am besten beschreiben lässt. Im Klassenverband sind die Lernenden häufig nicht bereit, über ihre Lernwege ausführlich zu diskutieren. Es ist anfänglich nicht leicht, die Aussagen in den Lernjournalen zu begleiten, ohne vergleichend zu bewerten. Auch die Lehrerin/der Lehrer muss erst lernen, wie eine förderliche Diskussion im Heft in Gang kommen kann, ohne die Eintragungen in eine Richtung zu steuern.

Schülerrolle und Lehrerrolle: Jeder Schüler verfasst gemäß seiner Lernvoraussetzungen, Vorlieben und Abneigungen eigene Texte mit oder ohne Zeichnungen. Er kommentiert seine Äußerungen, stellt Fragen an den Lehrenden oder reflektiert sein Lernverhalten.

Der Lehrer unterstützt und hilft dem Schüler, indem er mit ihm im Dialog über seine Notizen spricht. Das kann in sprachlicher, aber auch in schriftlicher Form erfolgen. So erfährt der Lehrer sehr viel über das Lernverhalten seines Schülers, kann individuelle Lernstrategien nachvollziehen und individuell beraten oder Vorschläge zur Veränderung im Lernen machen.

4.1.3 Werkstattarbeit: Workshops

Workshops bestehen aus organisierten offenen Lernarrangements, Lernsituationen und Materialangeboten. Hier haben die Schüler Mitbestimmungsmöglichkeiten hinsichtlich der Arbeitsformen und Inhalte.

Die Lernumgebung muss so gestaltet sein, dass die Schülerinnen und Schüler sich frei und individuell einem Lerngegenstand nähern können, ohne unter dem Druck zu stehen, ein vorgegebenes Lernpensum absolvieren oder festgelegte Lernwege gehen zu müssen.

Die Arbeitsaufträge sind in dieser Struktur der Schlüssel zum erfolgreichen Lernen. Sie müssen möglichst alle Wahrnehmungskanäle ansprechen, unterschiedliche Tätigkeiten initiieren und vielfältige Medien in die Nutzung einbeziehen.

Voraussetzungen und Vorbereitung

Workshops sollten schon bei der Vorbereitung folgende Bedingungen berücksichtigen:

- Für jeden Schüler steht ein materialintensiver Arbeitsplatz zur Verfügung.
- Alle Aufgaben und Arbeitsaufträge sollten handelndes und problemlösendes Lernen ermöglichen.
- Selbstkontrolliertes, individualisierendes sowie kooperatives Arbeiten ist für jeden Schüler geplant und möglich.
- Die Themen und thematischen Schwerpunkte sind gekennzeichnet durch Praxis- und Alltagsorientierung.

Durchführung

Beispiele für geeignete Themen eines Workshops

Wir bieten Workshops in folgenden Bereichen an (es sind jeweils Beispielthemen angegeben):

1. Naturwissenschaften:
   Die Chemie ersetzt den Vorkoster
   Erwünschte Verbrennungen – unerwünschte Folgen?
   Unberechenbare Natur
2. Gesellschaftswissenschaften
   Vorsicht Falle – Manipulation und Medien
   Ist die Erde zu voll?
   Eine Revolution – aber nicht für Frauen
3. Lern- und Arbeitstechniken/Umgang mit Medien
   Twittern, bloggen, chatten
   Auf in die schillernd bunte Welt der Begabungen!
   Der kleine Zahlenteufel
4. Musik/Kunst/Darstellendes Spiel
   Afrikanische Musikinstrumente
   Hundertwasser einmal anders
   Improvisationstheater
5. Arbeitslehre/Wirtschaft
   Strick dir was!
   Bücher selber binden
   Wem gehören die Gasleitungen?

Didaktischer Kommentar zur Differenzierung

Differenzierungsmöglichkeiten: Workshops geben Impulse für die Entwicklung von Strategien, um Fragestellungen zu finden und zu bearbeiten. Die Arbeitsaufträge sind also nicht Teil der vorbereiteten Lernumgebung, sondern entwickeln sich erst während der Arbeit. So kann jeder Schüler seine eigenen Strategien finden und umsetzen.

Die Schüler lernen voneinander. Die Gruppe verständigt sich über die Anforderungen, die aus den selbst gestellten Aufträgen resultieren, und entwickelt eine Art Anforderungsprofil. Daran können sich die einzelnen Lernenden mit ihren Kompetenzen orientieren und sie in den Prozess einbringen.

Im Workshop steht das gemeinsame Ergebnis, verbunden mit der Option der Präsentation, im Mittelpunkt. In dieser Präsentation können neue Anregungen und Fragestellungen für weitere Workshops enthalten sein, auf diese Weise entwickelt sich schnell ein Wissensnetz, von dem auch andere Gruppen profitieren.

Schülerrolle und Lehrerrolle: In den Workshops ist die Rolle der Lehrkräfte nicht die des Wissensvermittlers, sondern die des produktiven Begleiters der Lern- und Arbeitsprozesse. In der Vorbereitung muss die Lern- und Arbeitsumgebung anregend und sachlich sinnvoll gestaltet und ausgestattet sein.

In den Anfangs- und Reflexionsphasen der Arbeit ist die Moderation stark gefragt, in den Krisen und Konfliktfällen brauchen die Schüler eine hilfreiche Beratung und eine vorurteilsfreie Grundhaltung bei einem sozial-integrativen Führungsstil.

4.1.4 Werkstattarbeit: Angebotstische

Das Instrument **„Angebotstische“** lässt sich sowohl fachübergreifend als auch fachspezifisch einsetzen. Die bereitgehaltenen Materialien zu einem entsprechenden Thema sowie die damit verbundenen Handlungsaufforderungen, die der Lehrer vorbereitet, verdeutlichen unterschiedliche Zugangsweisen für die Schüler und liegen auf mehreren Tischen aus.

Das Material muss den Schülern vor der Entscheidung für ein bestimmtes Angebot deutlich machen, was sie erwartet, ob sie zum Beispiel eher theoretisch oder eher praktisch an das Thema herangehen wollen, ob die Tätigkeit eher manuelles Geschick, künstlerische Kreativität oder sprachliche Talente erfordert, ob sie ein eher streng logisches oder ein eher experimentelles Vorgehen erwartet.

Zu diesem Zweck werden auf mehreren Angebotstischen die Materialien bereitgestellt. Die Schüler studieren die Angebote und entscheiden sich nach den persönlichen Neigungen und Interessen.

Es findet keine frontale Lenkung statt, sondern die Schüler erarbeiten sich die Inhalte mithilfe der zur Verfügung stehenden Lernmaterialien und Handlungsaufforderungen selbstständig. Alle Arbeitsschwerpunkte sollten so konzipiert sein, dass sie durch eigene Ideen erweitert werden können.

Am Ende der Bearbeitungsphase werden durch die Dokumentation und Präsentation der Ergebnisse und ihrer Entstehung den Mitschülern alle Lerninhalte vermittelt. Das Thema kann anschließend auf vertieftem Niveau weiterverfolgt werden, da sich die Schüler oft Spezialwissen erarbeitet haben, das zur weiteren Unterrichtsgestaltung genutzt werden kann.

In dem Maße, in dem eine Klasse größere Routine im Umgang mit dem Angebotstisch erwirbt, können die Angebote erweitert und die Schüler stärker in die Planung einbezogen werden.

Voraussetzungen und Vorbereitung

Die komplette Unterrichtseinheit sollte rechtzeitig vorbereitet werden, da spätere Modifikationen nur in geringen Grenzen möglich sind. Die Schüler wählen sich die Aufgaben ja gerade entsprechend der bereitgestellten Materialien aus. Die Ausgestaltung möglicher Arbeitsblätter kann aber auch sinnvoll mit Schülerhilfe erledigt werden.

Eine ganz wichtige Voraussetzung ist aber unbedingt zu beachten: Die Arbeitsmaterialien sollten nicht nur aus Texten bestehen. Da möglichst alle Sinne bei den Schülern angesprochen werden sollen, ist es notwendig, dass die Materialien einen handelnden Umgang mit dem Thema zulassen, zum Beispiel Erkundungen, Experimente, Bauten und Zeichnungen eingeplant sind.

Nur die Vielfalt der Materialien ermöglicht einen handelnden Umgang. Dies ist für manche Themenbereiche sicherlich schwierig, aber Ideen entstehen aus Fantasie und Routine. Die Schulbücherei, die öffentliche Bibliothek, das Museum, die kommunalen Behörden, die Handwerkskammer, der Kunstverein, die Drogenberatungsstelle, das Altenheim usw. können hier sinnvoll für die Vorbereitung genutzt werden.

Beispiel „Eine Kugel erfahren“

Durchführung

Wir möchten Ihnen hier anhand des Themas „Eine Kugel erfahren“ die Vielfalt der Einsatzmöglichkeiten des Angebotstisches vorstellen. Zur Vorbereitung der Angebotstische haben wir gemeinsam mit mehreren Kollegen notiert, was uns zum Thema „Kugel“ einfiel. Aus diesen Ideen heraus wurden konkrete Angebote formuliert, die die traditionellen Zugangsweisen verschiedener Fächer (wie Textarbeit, Experimentieren, Gestalten) integrieren. Die Angebote sind so konzipiert, dass der Zeitaufwand zur Bearbeitung stets etwa gleich ist.

1. Tisch: Sachbücher über Kugeln und Bälle

Die Schüler können in den Büchern stöbern, lesen, blättern. Sie sollen sich einen Text heraussuchen, der ihnen besonders gut gefällt und den sie uns vorstellen möchten. Dieses Vorstellen beinhaltet verschiedene methodische Vorgehensweisen: Der Text kann vorgelesen, vorgespielt, pantomimisch dargestellt oder szenisch interpretiert werden.

2. Tisch: unterschiedlich große Kugeln

Hier geht es darum, eine eigene kleine Geschichte über eine fiktive Kugel zu schreiben. Neben das Blatt mit dieser Handlungsaufforderung haben wir verschiedene Kugeln aus Marmor, Ton und Stein und anderen Materialien gelegt. Außerdem liegt buntes Papier zur Anregung bereit.

3. Tisch: eine große Kugel, DIN-A3-Papier, ein Gedichtband

Über eine besonders große Kugel sollen die Schüler hier in der Gedichtwerkstatt auf buntes DIN-A3-Papier ein Gedicht schreiben. Der Band „Gedichtwerkstatt“ liegt aus und soll zur Beflügelung der Fantasie dienen.

4. Tisch: verschiedene Kugeln, Malutensilien, Papier

Auf diesem Tisch liegen verschiedene Kugeln und Bälle. Die Aufgabe besteht darin, einen Gegenstand auszuwählen und ihn abzuzeichnen. Alles, was die Schüler zum Malen benötigen, finden sie auf dem Tisch.

5. Tisch: Maßbänder, Bindfaden, Klebstoff, eine Anleitung zur Bestimmung der Oberfläche einer Kugel, ebenso mehrere Kugeln unterschiedlicher Größe

Ziel ist an diesem Tisch die Entwicklung einer mathematischen Formel zur Oberflächenberechnung.

6. Tisch: Messbecher/Waage, verschiedene Kugeln

Das Volumen einzelner Kugeln kann hier anhand von verdrängten Flüssigkeiten bestimmt werden. An einem Messbecher können die Schüler ablesen, wie viel Flüssigkeit verdrängt wird, und dies in einer Liste notieren. Am Ende soll die Volumenformel hergeleitet werden.

7. Tisch: Kugeln, die man öffnen kann, sowie kleine Gegenstände wie Kieselsteine, Nägel, Erbsen, Sand und Reis
Die Schüler erhalten den Arbeitsauftrag, einen oder mehrere Klangkörper herzustellen und ein Musikstück zu inszenieren.

8. Tisch: Styroporkugeln, Spezialkleber und Farben
Die Schüler sollen aus Styroporkugeln ein Kunstwerk gestalten.

9. Tisch: Ton
Aus Ton sollen die Schüler eine Kugel formen.

10. Tisch: Bücher und Bälle
Die Schüler sollen der Frage nachgehen, welche Spiele mit Kugeln/Bällen gespielt werden. Sie lernen aus Büchern unterschiedliche Ballspiele und ihre Regeln kennen. Ein Spiel stellen sie anschließend der Klasse vor.

Jeder Schüler kann frei wählen, an welchem Tisch und mit wem er zusammenarbeiten möchte, diese Wahl ist aber dann verbindlich. Nach etwa zehn bis fünfzehn Minuten haben sich alle Schüler für einen Tisch entschieden. Wo es gewünscht wird, gibt es Hilfestellung durch den Lehrer. Interessant zu berichten ist, dass immer alle Tische besetzt sind und alle Themen bearbeitet werden.

Didaktischer Kommentar zur Differenzierung

Differenzierungsmöglichkeiten: Die binnendifferenzierenden Angebote berücksichtigen die unterschiedlichen Lern- und Leistungsfähigkeiten der Schüler und orientieren sich an den Lerntypen. Angebotstische fördern die Selbstständigkeit der Schüler und ihre Methodenkompetenz. Voraussetzung sind ein gewisses Maß an Grundfertigkeiten im Umgang mit Lernangeboten und zumindest ansatzweise die Erkenntnis, dass jeder für seinen Lernerfolg selbst verantwortlich ist.

Nur wenn der Schüler seine Arbeit selbstverantwortlich organisieren kann, ist er in der Lage, die Lernangebote für sich zu nutzen und sich Wissen und Fertigkeiten anzueignen. Wer sich diese Kompetenzen zu eigen gemacht hat, ist auch später in der Lage, neue Bereiche selbstständig zu erschließen und zu bearbeiten. Damit werden wesentliche Merkmale der Selbstkompetenz weiter ausgebaut.

Angebotstische oder -ecken können in kleiner Anzahl auch im Klassenraum für fachübergreifende oder -erweiternde Inhalte aufgebaut werden.

So haben all die Schüler, die schnell fertig sind oder spezielle Interessen haben, die Möglichkeit, während des normalen Unterrichts weiterzuarbeiten.

Schülerrolle und Lehrerrolle: Durch die vom Lehrer vorstrukturierten Lernangebote haben die Schüler sehr viel mehr Alternativen, die Entscheidungen über ihre Lerninhalte selbst zu bestimmen. Die verschiedenen Angebote decken den Rahmen für ein Thema oder für einen Bereich ab. Zudem erhöht der handlungsauffordernde Charakter der Angebote die Motivation der Schüler und den Spaßfaktor, sodass wir davon ausgehen können, dass sie von den Inhalten mehr behalten als in anderen üblichen Unterrichtsformen.

Bei Schülern beliebt

Der Angebotstisch entlastet den Lehrer von der traditionellen Vermittlerrolle, sodass er während des Unterrichts sehr viel Zeit für die Schüler hat, sich mit einzelnen oder einzelnen Tischgruppen intensiv beschäftigen und gezielte Hilfestellungen geben kann.

Schüler äußern sich über diese Art des Arbeitens sehr positiv. Sie können ihre Interessen nutzen, ihr Lerntempo selber bestimmen und entwickeln sich zu „Experten" in manchen Bereichen. Es entsteht eine angenehme Arbeitsatmosphäre.

4.1.5 Stationenarbeit: Lernzirkel

Individualisierender Unterricht in Form des **Lernzirkels** ist im Gegensatz zur Arbeit an den Angebotstischen nicht fachübergreifend und wesentlich strenger geregelt: Die im Klassenraum und eventuell in Nebenräumen aufgebauten Tische mit Einzelaufgaben müssen in einer bestimmten Reihenfolge vollständig durchlaufen werden.

Die aufeinander aufbauenden Inhalte der einzelnen Stationen sind so gestaltet, dass die Schüler nur dann ein lückenloses Wissen erwerben, wenn sie keines der Pflichtangebote auslassen. Jeder Schüler erhält daher einen **Laufzettel**, auf dem das erfolgreiche Bearbeiten der Stationen vermerkt und **vom Lehrer kontrolliert wird**.

Dies klingt zunächst einmal stark nach undifferenziertem „Lernen im Gleichschritt", die Differenzierung erfolgt aber auf mehreren Ebenen:

- Die Lernzirkelangebote lassen den Schülern Wahlmöglichkeiten in Bezug auf Methoden und Medien, um ihren unterschiedlichen Interessen und Fähigkeiten gerecht zu werden.
- Zusätzlich zu den Pflichtaufgaben kann der Lernzirkel freiwillige Zusatzaufgaben enthalten, sodass eine Differenzierung nach Leistungsvermögen und Neigung erfolgt.

- Die beiden Skizzen auf der folgenden Seite zeigen mögliche Varianten. Bei der ersten Skizze besteht die Möglichkeit, an verschiedenen Stationen die Aufgabenart, den Schwierigkeitsgrad und die Arbeitsform zu wählen. Die zweite Skizze stellt einen recht anspruchsvollen Lernzirkel dar, in dem der äußere Pflichtteil ergänzt wird durch einen inneren Kreis von Wahlaufgaben, die den Pflichtbereich vertiefen.

Ziel der Lernzirkelarbeit ist das weitgehend eigenverantwortliche Arbeiten der Schüler an einem gemeinsamen Thema mit hohem Verbindlichkeitsgrad. Die Aufgabenstellungen können je nach Station eher offen oder geschlossen sein, je nachdem, ob es vorrangig um den Nachvollzug eines Lösungsweges geht oder um die Entwicklung problemorientierten, meinungsbildenden Arbeitens.

Lernzirkel sind daher besonders gut als Einstieg für die anderen, noch freieren Formen des individualisierenden Unterrichts geeignet.

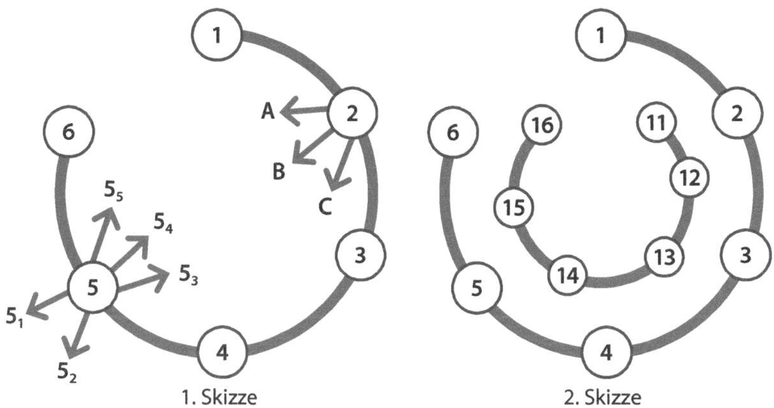

Lernzirkel

Voraussetzungen und Vorbereitung

So simpel es klingen mag, aber ein Hauptproblem, das wir beim Einsatz von Lernzirkeln haben, ist der fehlende Raum: Da die Reihenfolge der zu bearbeitenden Aufgaben nicht beliebig ist, kommt es zu Ballungen an den einzelnen Stationen und die meisten Klassenräume sind dann einfach zu eng. Um heftige Staubildung an der ersten Station zu vermeiden, gestalten wir die ersten zwei bis drei Stationen so, dass gute Schüler mit entsprechend fundiertem Vorwissen sie überspringen können.

Trotzdem sollte sich jeder, der in einer größeren Klasse das Instrument Lernzirkel einsetzen will, vorher um die Reservierung geeigneter Nebenräume bemühen.

Anders als bei dem Instrument „Angebotstisch“ gibt es auf dem Schulbuchmarkt mittlerweile eine ganze Reihe von fertigen Lernzirkeln, die dem einzelnen Lehrer den Vorbereitungsaufwand weitgehend ersparen. Wer selber einen Lernzirkel herstellt, sollte Folgendes beachten:

- Das Thema muss klar voneinander trennbare Aspekte aufweisen.
- Diese Aspekte müssen möglichst logisch aufeinander aufbauen und sich sukzessive zu einem logischen Ganzen entwickeln.
- Der Lehrer muss gründlich durchdenken, in welcher Reihenfolge die einzelnen Aufgaben aufeinander aufbauen.
- Ein Laufzettel, auf dem die Schüler erledigte Aufgaben abhaken können, erleichtert ihnen den Überblick und sollte für jeden bereitliegen.

Didaktischer Kommentar zur Differenzierung

Differenzierungsmöglichkeiten: Die wesentlichen Aspekte dazu haben wir schon in den Vorbemerkungen dargelegt, daher jetzt nur noch einige marginale Anmerkungen: Die vorgegebene und relativ strenge Sachlogik bildet ein Gerüst, an dem sich gerade die schwächeren Schüler zuverlässig orientieren können. Auf dieser Basis ermöglichen ihnen sowohl die Methodenfreiheit als auch entsprechend gestaltete Zusatzaufgaben individuelle Zugangsmöglichkeiten zum Thema.

Schülerrolle und Lehrerrolle: Durch die verhältnismäßig enge Bindung im Arbeitsprozess, im Bereich der Lerninhalte und -ziele lässt die Lernzirkelarbeit im Vergleich zu anderen Instrumenten des individualisierenden Unterrichts wenig Freiräume zu. Dies hat positive Aspekte – gerade für leistungsschwächere Schüler –, darf aber nicht zur Überforderung der Schüler in ihrer Konzentration und ihrem Aufnahmevermögen führen. Um diese negativen Auswirkungen möglichst zu vermeiden, tritt die Rolle des Lehrers stärker in den Vordergrund als bei freieren Formen des individualisierenden Unterrichts.

Er fungiert als „Lernarrangeur“ und Lernberater, denn die Schüler dürfen die Station ja erst dann verlassen, wenn sie die Aufgaben erfolgreich bearbeitet haben. Dies gilt übrigens auch für einmal in Angriff genommene Wahlaufgaben. In den unteren Jahrgängen muss der Lehrer diese Erfolgskontrolle sehr genau vornehmen, in den höheren Klassen wird dies zunehmend der Routinebildung der Schüler überlassen.

Die Arbeit mit dem Lernzirkel eignet sich nicht nur für Schüler als Einstieg in freiere Arbeitsformen, sondern ganz besonders auch für Lehrer: In stärkerem Maße als bei Themenbörsen und Angebotstischen hat der Lehrer die Kontrolle über die Ergebnisse und kann sich so im Grenzbereich zwischen konventionellen und ganz offenen Unterrichtsformen an neue Arbeitsformen gewöhnen.

4.1.6 Stationenarbeit: Lerntheke

Wenn wir uns den Innenraum eines Lokals oder einer Gaststätte vorstellen, so finden wir neben einer Reihe von Tischen in einer Ecke oder auch mehr oder weniger zentral stets eine Theke. Diese Theke ist häufig kommunikatives Zentrum für all diejenigen, die nur kurz vorbeischauen oder vom Tisch aufgestanden sind, um etwas zu bestellen oder zu bezahlen, ein kurzes Schwätzchen mit dem Wirt zu halten usw. Genau die gleiche Funktion erfüllt – übertragen auf schulisches Arbeiten – die **Lerntheke** im Klassenraum.

Das Instrument „Lerntheke" hat also seinen Platz nicht auf der Hauptbühne des Unterrichts, sondern dient den Schülern, die gerade mit ihrer Arbeit fertig sind oder etwas nicht verstanden haben, zur individuellen Bearbeitung und Vertiefung von Sachfragen und zur Behebung von Defiziten.

Das Angebot ist daher begrenzter als bei anderen Formen des Stationenlernens, bietet aber differenzierendes Zusatzmaterial zur Ergänzung und Erweiterung des jeweiligen Fachunterrichts. Lerntheken stellen insbesondere für Klassenräume mit wenig Platz die geeignete Ergänzung individualisierender Arbeit zum Fachunterricht dar.

Die Angebote einer Lerntheke beziehen sich auf möglichst viele innerhalb einer Klasse zu unterrichtende Fächer, d. h., dass es weder ein gemeinsames Thema noch ein gemeinsames Lernziel für die Lernangebote gibt und die Ergebnissicherung daher auch nicht im gemeinsamen Klassenunterricht erfolgt. Es ist deshalb eine unabdingbare Notwendigkeit für alle Lernthekenangebote, eine für den Schüler eindeutige und praktikable Selbstkontrolle der Ergebnisse zu gewährleisten.

Auch der Klassencomputer kann in die Lerntheke mit einbezogen werden, Querverbindungen zur Computerarbeit sind sinnvoll und bieten zusätzliche Differenzierungsmöglichkeiten.

Voraussetzungen und Vorbereitung

Sinnvoll ist es, Lerntheken in Verabredung mit den entsprechenden Fachkollegen, die in einer Klasse unterrichten, zu planen und einzurichten. Jeder Fachkollege überlegt, welche zusätzlichen Lernangebote seinen Unterricht ergänzen könnten. Diese Vorschläge werden gesammelt und wie auf einer Theke – meist in der Ecke eines Klassenraumes – aufgebaut: Fachbücher werden bereitgestellt, zusätzliche Arbeitsblätter ergänzen den Fachunterricht, handlungsorientierte Arbeitsanweisungen mit hohem Aufforderungscharakter ermuntern die Schüler zu weiterführendem Arbeiten.

Die Angebote sind nicht nach einer bestimmten Ordnung oder Reihenfolge aufgebaut, weder linear noch in sich abgeschlossen. Sie können in Pflicht- und Wahlaufgaben getrennt werden, um die Auswahlmöglichkeiten für die Schüler zu erhöhen. Wir haben die Erfahrung gemacht, dass Schüler positiv darauf reagieren, wenn die Aufgaben ansprechend verpackt sind. Die Neugierde auf den Inhalt des von außen nicht sichtbaren Arbeitsauftrages scheint größer als die Furcht vor Unbekanntem.

Schüler in die Gestaltung mit einbeziehen

In unserer Unterrichtspraxis hat es sich als sinnvoll erwiesen, die Schüler von Beginn der Sekundarstufe I an in die Gestaltung der Lerntheke einzubeziehen. Schüler haben Spaß daran, für ihre Mitschüler originelle bis abstruse Aufgaben zu entwickeln. Der Lehrer sollte zwar kontrollieren, ob die Aufgabenstellungen realistisch sind, ansonsten den Schülern aber freie Hand lassen.

Didaktischer Kommentar zur Differenzierung

Differenzierungsmöglichkeiten: Lerntheken fördern die Aktivität und die Kreativität der Schüler und des Lehrers, wenn die Angebote auf gar keinen Fall als zusätzlich zu erledigende, ungeliebte Arbeit für die besseren oder schwächeren Schüler erscheinen.

Die Aufgaben müssen also so gestaltet sein, dass ihre Bearbeitung nicht als lästige Pflicht erscheint, sondern als durchaus reizvolle Chance, ein Thema auf eher unkonventionelle Weise zu vertiefen. Dies erfordert Kreativität sowohl beim Stellen als auch beim Lösen der Aufgaben.

Die Initiative zur Nutzung der Lernthekenangebote geht allein von den Schülern aus: Sie möchten mehr und intensiver lernen, deshalb nutzen sie die Angebote. Damit übernimmt der Schüler die Verantwortung für das eigene Lernen, der Lehrer stellt ihm die Möglichkeiten zur Verfügung.

Die Einbindung der Schüler in die Gestaltung der Lerntheke fördert und fordert zusätzlich die Fähigkeit und Bereitschaft zur Mitgestaltung. Die Lehrerrolle lässt sich eher ex negativo beschreiben: Da die Lernthekenangebote die Selbstkontrolle ermöglichen, hat der Lehrer Zeit, individuell diejenigen Schüler zu betreuen, die mit „normalen" Fachaufgaben beschäftigt sind.

Lerntheken-Angebote

1. Offene Angebote: klar zu erkennende Arbeitsaufträge mit den dazugehörigen Materialien.
Beispiele:
A: Materialien: Atlas, Straßenkarte, Computer, CD-ROM „Road".
Dazu gehören die Aufgaben:
- Plane eine Autofahrt von hier nach Nizza.
- Lass dir die Fahrtroute ausdrucken.
- Plane die Fahrt mit Pausen, eventuellen Übernachtungen und Stadtbesichtigungen.

B: Materialien: Brille, Handstock, Tasche.
Dazu gehören die Aufgaben:
- Inszeniere die Situation, dass deine Oma zu Besuch kommt.
- Wähle dir bis zu drei weitere Mitspieler aus.
- Übt die Szene und teilt uns dann den Termin der Aufführung mit.

2. Verdeckte Angebote: eingepackte und damit nicht klar zu erkennende Aufgaben ohne Umtauschrecht.
Beispiele:
A: Material: ein Paket, das sich nicht öffnen lässt, aber Geräusche macht, wenn man es schüttelt.
Dazu gehören die Aufgaben:
- Überlege, was in diesem Paket sein könnte.
- Fertige eine Tabelle mit den Spalten „Name" und „Inhalt" an.
- Befrage deine Mitschüler und trage die Antworten in die Tabelle ein.

B: Material: ein eingepacktes, spannendes Buch.
Dazu gehören die Aufgaben:
- Lies das Buch.
- Schreibe eine kurze Stellungnahme darüber, wie dir das Buch gefallen hat.
- Hefte die Stellungnahme an die Pinnwand.

C: Material: ein verschlossener Briefumschlag, in dem 2 € sind.
Dazu gehören die Aufgaben:
- Gehe bitte zum Schulkiosk und kaufe von dem Geld Kekse.
- Verteile die Kekse gerecht an alle Schüler.
- Berichte im Klassenrat über deine Erfahrungen.

4.1.7 Lernplanarbeit: Kompetenzraster

Kompetenzraster sollen den Schülern dabei helfen, genau im Blick zu behalten, welche Kompetenzen sie in einem Fach über einen bestimmten Zeitraum (zum Beispiel ein Schulhalbjahr) lernen sollen und wo sie aktuell in ihrem Leistungsstand stehen. Dabei werden die Kompetenzen „übersetzt" in verständliche Sätze, die mit „Ich kann" beginnen.

In Form einer Matrix (Tabelle) wird für ein bestimmtes Fach, ein Fachgebiet oder einen Lernbereich dargestellt, was und wie gut ein Schüler bestimmte Inhalte und Fertigkeiten, die in entsprechende Teilbereiche untergliedert sind, lernen kann. Auch die notwendigen Anforderungen für die unterschiedlichen Niveaus sind aufgeführt. Zu jedem einzelnen Feld der Matrix (entspricht einer Niveaustufe) gibt es umfangreiche Aufgabenmaterialien zur Bearbeitung (Ordner im Lernraum, Ablage), die für die Schüler jederzeit frei zugänglich sind (siehe Beispiel auf den Seiten 86/87).

Der Schüler dokumentiert und nummeriert seine erbrachten Leistungen in einer Fachmappe oder einem Fach-Portfolio und verdeutlicht seinen erreichten Lernstand durch eine Markierung auf dem entsprechenden Feld des Kompetenzrasters, zum Beispiel mit einem farbigen Klebepunkt.

Voraussetzungen und Vorbereitung

Kompetenzraster werden gemeinsam von einer Fachschaft oder von mehreren Kollegen erstellt. Die Formulierungen müssen für alle Schüler verständlich sein, damit sie wirklich wissen, welche Anforderungen an sie gestellt werden. Nur so entsteht ein Instrument, das der Selbstkontrolle des Schülers dient.

Dadurch, dass der Schüler genau ablesen kann, was auf der nächsten Niveaustufe verlangt wird, und durch die „Ich-kann-Sätze" entsteht eine stärkere Motivation zum Weiterlernen. Selbstverständlich werden die schulischen Bedingungen an der einzelnen Schule, die jeweiligen Schulcurricula, örtliche Rahmenbedingungen, die Versorgung mit Personal und Material, bei der Ausarbeitung der Kompetenzraster berücksichtigt.

Vor Beginn der Arbeit mit dem Kompetenzraster steht eine Lernausgangsdiagnose bzw. ein Lerneingangstest, damit der Schüler weiß, auf welcher Niveaustufe er startet, d.h., mit welchen Aufgaben und Themen er beginnen kann.

Durchführung

Eine Checkliste, in der die einzelnen Aufgaben und Trainingsmöglichkeiten festgehalten sind, begleitet die Arbeit mit den Rastern.

Checkliste – Leitidee Daten und Zufall

G	Ich kann …	Ich trainiere …	☺☺	☺	😐	☹
1	Ich kann eine Strichliste anlegen, ausfüllen und daraus Informationen entnehmen.	Mathebuch S. 7: A 2 Mathebuch S. 8: A 6 Arbeitsheft S. 6: A 1, 2				
2	Ich kann eine Häufigkeitstabelle anlegen, ausfüllen und Informationen entnehmen.	Mathebuch S. 8: A 4, 7, 8 Arbeitsheft S. 7: A 4, 5				
3	Ich kann zu den Werten einer Häufigkeitstabelle ein Säulendiagramm zeichnen.	Mathebuch S. 10: A 4, 5, 6 Arbeitsheft S. 8: A 1 Arbeitsheft S. 12: A 3				
4	Ich kann zu den Werten einer Häufigkeitstabelle ein Balkendiagramm zeichnen.	Mathebuch S. 9: A 1, 2 Arbeitsheft S. 8: A 1, 3 Arbeitsheft S. 12: A 4				
5	Ich kann das Koordinatensystem und die Säulen oder Balken eines Diagramms sauber und richtig zeichnen.	Arbeitsblatt Nr. 2 Arbeitsheft S. 9: A 5				
6	Ich kann mir eigene Fragen zu einem Diagramm ausdenken und beantworten.	Arbeitsblatt Nr. 1, 2, 6				
7	Ich kann Fragen zu einem Diagramm beantworten.	Mathebuch S. 10: A 3, 7 Arbeitsheft S. 8: A 3 Arbeitsheft S. 9: A 4				
8	Ich kann einen eigenen Fragebogen entwerfen.	Arbeitsblatt Nr. 5 Mathebuch S. 8				
9	Ich kann eine Umfrage durchführen und selbstständig auswerten.	Arbeitsblatt Nr. 2				
10	Ich kann die Antworten einer Befragung sinnvoll ordnen.	Arbeitsblatt Nr. 3, 4 Mathebuch S. 11: A 5 Arbeitsheft S. 6: A 3				

Bemerkungen:

Eine Selbsteinschätzung am Ende einer Bearbeitungsphase (Checkout) und ein Test stellen den Leistungsstand des Schülers fest. In Verbindung mit dem Kompetenzraster und seinen Markierungen kann der individuelle Lernstand und der Fortschritt des Schülers inhaltlich und optisch gut verdeutlicht werden. Es wird klar, in welchen Bereichen der Schüler besonders viel erreicht hat oder wo er noch nacharbeiten sollte. Der Schüler kann sein Lernen selbstverantwortlich weiter planen, Absprachen mit dem Lehrer treffen, aber auch seine Eltern über seinen Lernstand und seine Fortschritte informieren.

Didaktischer Kommentar zur Differenzierung

Jeder Schüler kann entsprechend der Feststellung seiner Lernausgangslage die für ihn geeigneten Aufgaben (siehe Checkliste) bearbeiten. Leistungsschwächere Schüler beginnen mit den einfachen Aufgaben oder den Grundanforderungen, leistungsstärkere Schüler überspringen die Basisaufgaben und steigen gleich mit anspruchsvolleren Problemlösungen ein. Die Kompetenzraster (zum Beispiel Kompetenzkarten für ein Thema) sind in Verbindung mit den Checklisten die optimale Grundlage für differenzierte Lernpläne, denn sie bieten die Möglichkeit, dass jeder Schüler auf seinem Niveau arbeiten und lernen kann.

4.1.8 Lernplanarbeit: Arbeitspläne

Arbeitspläne sind Instrumente im Lernplanunterricht, die tages-, wochen- oder monatsweise erstellt und bearbeitet werden. Sie können sich auf ein Fach, eine Unterrichtseinheit oder einen Themenbereich (siehe Themenpläne) beziehen und dabei auch verschiedene Fächer oder Fachgebiete berücksichtigen.

Arbeitsplanunterricht ist eine Form des Unterrichts, bei dem Schüler Aufgaben zu einzelnen Fächern und mit fächerübergreifendem Charakter selbstständig bearbeiten. Er entspricht der Wochenplanarbeit und auch der Freiarbeit, die beide in den Grundsatzerlassen der Schulformen im Bereich der Sekundarstufe I als Formen eines offenen, binnendifferenzierenden Unterrichts vorgesehen sind.

- Arbeitspläne enthalten Aufgaben aus den Unterrichtsfächern und Impulse zur Durchführung kleiner Vorhaben.
- Sie sind gegliedert in Pflicht- und Wahlbereich.
- Schüler bestimmen die Sozialform, das Lerntempo und die Reihenfolge der Bearbeitung.
- Der Lehrer stellt die Pläne zusammen (mit zunehmendem Alter wird

dies zur Aufgabe der Schüler), beobachtet den Lernprozess während der Arbeitsplanstunden, zieht Schlussfolgerungen für die künftige Gestaltung der Pläne, fördert einzelne Kinder, unterstützt sie und hilft ihnen.

Voraussetzungen und Vorbereitung

Kriterien für einen Arbeitsplan

Der Arbeitsplan wird vom Lehrer oder auch fächerübergreifend im Team (in höheren Klassen zunehmend von den Schülern selbst) nach folgenden Kriterien erstellt:

- Angabe des Zeitraumes (Tag, Woche ...), in dem der Arbeitsplan bearbeitet werden soll,
- Trennung in einen Pflicht- und einen Wahlteil mit entsprechenden Aufgaben (das Verhältnis von Pflicht- und Wahlaufgaben orientiert sich am Arbeitsverhalten und am Alter der Schüler),
- Möglichkeiten zur Selbst- und Fremdkontrolle, zur Ergebnissicherung und zur Präsentation,
- optisch ansprechende und altersgemäße Gestaltung (zum Beispiel Berücksichtigung von Schülerzeichnungen), um gleichzeitig den Rahmen für Schülerarbeiten und Präsentationen vorzugeben,
- Aufforderungscharakter sowohl in der Ansprache als auch in der Aufgabenstellung,
- Aufgaben zum Üben und Wiederholen und zum Vertiefen von Fachinhalten und Anleitungen zur selbstständigen Aneignung von Fachinhalten,
- Angabe derjenigen Fachkollegen, die an der Erstellung des Planes mitgewirkt haben und an die sich die Schüler bei Problemen wenden können,
- klares Aufzeigen der Möglichkeiten der Differenzierung (unterschieden nach Pflicht- und Wahlteil),
- Ausgewogenheit im Verhältnis unterschiedlicher Methoden,
- Training bestimmter methodischer Varianten unterschiedlicher Schwierigkeitsgrade,
- ausgewogenes Verhältnis von fachbezogenen und fächerübergreifenden Aufgaben,
- Angabe des Verhältnisses von individualisierenden Einzelaufgaben zu Aufgaben für Gruppen bzw. für die ganze Klasse.

Durchführung

Die Arbeitspläne in unseren Klassen sind Wochenarbeitspläne und dauern von Montag bis Freitag. Dieser Rhythmus hat sich als sinnvoll erwiesen, da so mit dem Ende der Woche auch für die Schüler eine Erholungszeit zur Verfügung steht.

Kompetenzraster Mathematik – inhaltsbezogene mathematische Kompetenzen Sek I

	A 1		
	A 1.1	**A 1.2**	**A 1.3**
Leitidee Zahl	**a)** Ich kann natürliche Zahlen darstellen und nach bestimmten Eigenschaften vergleichen. **b)** Ich kann mit natürlichen Zahlen rechnen.	**a)** Ich kann Bruchteile darstellen und vergleichen. **b)** Ich kann Bruchzahlen und Dezimalzahlen darstellen und vergleichen.	**a)** Ich kann Bruchzahlen und Dezimalzahlen addieren und subtrahieren. **b)** Ich kann Bruchzahlen und Dezimalzahlen multiplizieren und dividieren.
Leitidee Messen	**a)** Ich kann Längen und Gewichte messen und die Einheiten situationsgerecht auswählen. **b)** Ich kann mit den Größen Geld und Zeit umgehen und Einheiten situationsgerecht auswählen.	Ich kann Winkel messen, zeichnen und nach bestimmten Eigenschaften unterscheiden.	**a)** Ich kann den Flächeninhalt und den Umfang von einfachen Figuren bestimmen. Ich kann die Einheiten situationsgerecht auswählen. **b)** Ich kann das Volumen und den Oberflächeninhalt von einfachen Körpern bestimmen. Ich kann die Einheiten situationsgerecht auswählen.
Leitidee Raum und Form	**a)** Ich kann geometrische Figuren und Körper in der Umwelt erkennen, benennen und beschreiben. **b)** Ich kann Körpernetze von Quadern entwerfen und diese Körper herstellen.	Ich kann symmetrische Figuren und Muster erkennen und erstellen.	**a)** Ich kann ebene Figuren zeichnen und nach bestimmten Eigenschaften beschreiben, unterscheiden und ordnen. **b)** Ich kann Körper nach bestimmten Eigenschaften beschreiben und unterscheiden.
Leitidee funktionaler Zusammenhang	**a)** Ich kann Tabellen und Diagramme lesen oder selbst erstellen und dabei Beziehungen beschreiben. **b)** Ich kann Gleichungen durch (systematisches) Probieren lösen.	**a)** Ich kann einfache Beziehungen im Koordinatensystem erkennen, darstellen und beschreiben. **b)** Ich kann mit Maßstäben situationsgerecht arbeiten.	**a)** Ich kann Situationen und Vorgänge tabellarisch, grafisch und sprachlich darstellen und untersuchen. **b)** Ich kann Situationen und Vorgänge mithilfe von Gleichungen und Termen beschreiben.
Leitidee Daten und Zufall	Ich kann Daten aus meiner Lebenswelt sammeln, darstellen und auswerten sowie Grafiken aus meiner Lebenswelt auswerten.	**a)** Ich kann die Wahrscheinlichkeit bei einstufigen Zufallsversuchen bestimmen. **b)** Ich kann mit systematischem Zählen die Anzahl von Möglichkeiten bestimmen.	Ich kann absolute und relative Häufigkeiten im Umgang mit Daten und Zufallsversuchen nutzen.

A 2		B 1	
A 2.1	**A 2.2**	**B 1.1**	**B 1.2**
Ich kann rationale Zahlen darstellen, vergleichen und mit ihnen rechnen.	Ich kann Zahlen der Situation angemessen darstellen, auch mit Zehnerpotenzen. Ich kann Quadratwurzeln in Sachzusammenhängen nutzen.	Ich kann rationale und irrationale Zahlen unterscheiden und mit ihnen rechnen.	Ich kann an Beispielen den Zusammenhang zwischen Rechenoperationen (z. B. Potenzieren) und deren Umkehrungen erklären und nutzen.
a) Ich kann den Flächeninhalt und den Umfang von Dreiecken, Parallelogrammen und Trapezen bestimmen. **b)** Ich kann das Volumen und den Oberflächeninhalt von Prismen sowie daraus zusammengesetzten Körpern bestimmen.	a) Ich kann mit dem Satz des Pythagoras Berechnungen in rechtwinkligen Dreiecken durchführen. **b)** Ich kann Berechnungen am Kreis durchführen. Ich kann das Volumen und den Oberflächeninhalt von Zylindern bestimmen.	Ich kann an Körpern (wie Zylinder, Pyramide, Kegel und Kugel) Berechnungen von geometrischen Größen durchführen.	Ich kann trigonometrische Beziehungen zum Lösen von Problemen und zum Bestimmen von geometrischen Größen nutzen.
Ich kann Körpernetze und Schrägbilder von Prismen zeichnen und Körpermodelle herstellen.	**a)** Ich kann Dreiecke konstruieren und nach bestimmten Eigenschaften unterscheiden. **b)** Ich kann Vierecke konstruieren und nach bestimmten Eigenschaften unterscheiden.	Ich kann Eigenschaften und Beziehungen zwischen geometrischen Objekten (wie Symmetrie, Kongruenz, Ähnlichkeit) beschreiben und begründen.	Ich kann Eigenschaften und Beziehungen zwischen geometrischen Objekten (wie Symmetrie, Kongruenz, Ähnlichkeit) zum Problemlösen nutzen.
a) Ich kann Dreisatzaufgaben lösen und dabei proportionale Zuordnungen erkennen und unterscheiden. **b)** Ich kann die Prozentrechnung sachgerecht anwenden.	**a)** Ich kann Geraden im Koordinatensystem darstellen, beschreiben und unterscheiden, auch bezogen auf Sachsituationen. **b)** Ich kann lineare Gleichungen lösen.	**a)** Ich kann funktionale Zusammenhänge analysieren, interpretieren und unterschiedlich darstellen. Ich kann lineare und quadratische Gleichungssysteme mit zwei Variablen lösen. **b)** Ich kann quadratische Gleichungen und lineare Gleichungssysteme mit zwei Variablen lösen.	**a)** Ich kann mit exponentiellen Funktionen umgehen und sie bei der Beschreibung und der Bearbeitung von Problemen anwenden. **b)** Ich kann zur Beschreibung von periodischen Vorgängen die Sinusfunktion nutzen.
Ich kann Datenerhebungen planen, durchführen und auswerten und dabei statistische Kennwerte verwenden. Ich kann vorgegebene Datenerhebungen unter verschiedenen Gesichtspunkten auswerten.	Ich kann Aussagen über den Ausgang einfacher Zufallsexperimente machen und diese Aussagen überprüfen. Ich kann zweistufige Zufallsversuche mithilfe von Baumdiagrammen darstellen.	Ich kann Wahrscheinlichkeiten von Zufallsexperimenten experimentell und rechnerisch bestimmen. Ich kann die Pfadregeln zur Problembeschreibung und -lösung verwenden, auch bei mehrstufigen (mehr als zweistufigen) Zufallsexperimenten.	Ich kann statistische Darstellungen analysieren und Manipulationen erkennen.

(Landesinstitut für Lehrerbildung und Schulentwicklung Hamburg, Referat Mathematik und Informatik, LIF 12, Karsten Patzer)

Am Montagmorgen werden in der ersten Arbeitsplanstunde die Arbeitspläne an jeden Schüler verteilt und gemeinsam mit der Klasse besprochen. Wir besprechen unklare sprachliche Formulierungen und klären, wo die Arbeitsmaterialien zu finden sind, wo es weiterführende Literatur gibt und welche Differenzierungsräume zur Verfügung stehen.

Zu Beginn der Planarbeit legen die Schüler die Reihenfolge der zu bearbeitenden Pflichtaufgaben fest und wählen einen oder mehrere Partner aus, mit dem oder denen sie zusammenarbeiten wollen. Wir haben gute Erfahrungen damit gemacht, sie erst nach der kompletten Erledigung des Pflichtteiles den Wahlbereich bearbeiten zu lassen. Das mag als Einschränkung oder Gängelung angesehen werden, ist aber im Sinne des kontinuierlichen Lernfortschritts notwendig. Hinzu kommt, dass der Pflichtbereich mit zunehmendem Alter der Schüler im Vergleich zum Wahlbereich immer geringer wird.

Sie finden auf der folgenden Seite ein Beispiel für einen Arbeitsplan für das Fach Deutsch.

Didaktischer Kommentar zur Differenzierung

Differenzierungsmöglichkeiten: In der Arbeitsplanarbeit findet durch innere Differenzierung eine starke Individualisierung des Lernprozesses statt. Arbeitspläne sind eine Form der Interessen- und Leistungsdifferenzierung, bei der ein zwischen dem Lehrer und den Schülern vereinbartes, zum Teil fakultatives Lernpensum in einem abgesteckten Zeitrahmen selbstständig erarbeitet werden muss.

Die Stärke der Arbeitsplanarbeit besteht darin, die Schüler zum selbstständigen Arbeiten anzuleiten und ihnen zu helfen, die dafür erforderlichen Methodenkompetenzen aufzubauen. An vielen Schulen findet sich eine Form der Arbeitsplanarbeit, bei der ausschließlich die Lehrer das Lernpensum festlegen. Das entspricht eigentlich nicht der Intention, ist aber besser als ein völliger Verzicht auf innere Differenzierung und ausbaufähig.

Schülerrolle und Lehrerrolle: Arbeitspläne bieten ein hohes Maß an Differenzierungsmöglichkeiten auf allen Ebenen. Die Erstellung individueller Arbeitspläne setzt voraus, dass der Lehrer seine Schüler sehr gut kennt und die Lernvoraussetzungen der Schüler einordnen kann.

Der Lehrer kann entscheiden, welche Form der Differenzierung für den einzelnen Schüler sinnvoll ist und welche Methodenkompetenz bzw. welche Fähigkeiten gefördert werden sollen.

Lehrer und Schüler verständigen sich im Klassenunterricht darüber, welches Lernpensum jeder einzelne Schüler leisten will und kann. Der Lehrer

Arbeitsplan

für Montag, den 22.01., bis Freitag, den 26.01.

Klasse: 5c **Name:** ____________________

DEUTSCH	… mal sehen, wie weit ihr kommt!	erledigt am
1.	Mache einen 5er-Gedankenschwarm zum Wort „Unfall".	
2.	Denke dir dazu eine kurze Geschichte aus.	
3.	Erzähle diese Geschichte deinem Nachbarn. Findet er sie gut, dann schreibe sie auf. Findet er sie nicht gut, dann überarbeite sie und schreibe sie dann auf.	
4.	Wie hast du die Geschichte erlebt? – als unbeteiligter Erzähler – als Polizist – als Verletzter – als Fahrer des Krankenwagens Suche dir etwas aus (mindestens zwei Sichtweisen).	
5.	Schreibe die Geschichte aus den von dir gewählten Sichtweisen.	
6.	Zeichne ein Bild (wie ein Zeitungsfoto, nur schwarz-weiß) zu deiner besten Fassung.	
7.	Bringe eine Tageszeitung mit. Schneide einen Artikel aus, klebe weißes Papier dahinter und schreibe dann mit Druckbuchstaben deine Geschichte hinein.	
8.	Versuche es so hinzukriegen, dass man aus einer Entfernung von 3 Metern nicht sehen kann, welcher Artikel von dir ist.	
9.	Hänge deine Arbeit an der Pinnwand auf.	

Viel Spaß!

wird dabei zum systematischen Beobachter und Berater und damit zum individuellen Förderer der Schüler. Er hat allerdings erhebliche Vorarbeit zu leisten, weil umfangreiche Lern- und Lernkontrollmaterialien vorhanden sein müssen.

Erhebliche Vorarbeit nötig

Dieser zusätzlichen Belastung während der Vorbereitung steht eine deutliche Entlastung während der Arbeitsplanstunden gegenüber: Diese Stunden sind nach unseren Erfahrungen erheblich weniger anstrengend als zum Beispiel frontaler Vermittlungsunterricht.

Die Lernvoraussetzungen der Schüler bezüglich der Leistungs-, Methoden-, Sozial- und Selbstkompetenz sollten genau bestimmt werden (Lernausgangslage). Bei kleinen Lerngruppen wie zum Beispiel Förder- oder Crashkursen wird das relativ gut möglich sein, bei größeren Gruppen aus arbeitsökonomischen und zeitlichen Gründen nicht immer. Aufgrund von Beobachtungen können Schüler mit ähnlich gelagerten Kompetenzen zu kleinen Gruppen zusammengefasst werden.

Man kann sich auch jeweils nur auf eine Kompetenz konzentrieren und diese möglichst genau bestimmen. So kann zum Beispiel Gruppe A, die sehr leistungsstark ist, dergestalt im Arbeitsplan berücksichtigt werden, dass sie erhöhte Anforderungen in der Aufgabenstellung zu bewältigen hat.

Welche Schüler zusammenarbeiten und wie sie methodisch vorgehen, bleibt den Einzelnen überlassen.

4.1.9 Lernplanarbeit: Themenpläne

Themenpläne sind als Instrumente der Lernplanarbeit eine Vertiefung der Arbeitspläne. Da sie sich im Unterschied zu den Arbeitsplänen nur auf ein Fach beziehen, ermöglichen sie eine intensivere Auseinandersetzung der Schüler mit fachspezifischen Problemstellungen, auch und gerade im Bereich der selbstständigen Transferleistungen.

Die Schüler erhalten einen Plan, der einen gesamten Themenbereich oder eine Unterrichtseinheit umfasst. Sie bekommen also zu Beginn ihrer Arbeit einen Überblick über das, was in nächster Zeit auf sie zukommt (in höheren Klassen sollten die Schüler in die gemeinsame Planung und Gestaltung eingebunden werden). Der Einstieg in einen Themenplan erfolgt üblicherweise im Klassenverband – exemplarisch und handlungsorientiert. Jeder Themenplan enthält Pflicht-, Wahl- und Zusatzaufgaben. Die Aufgaben und ihre Reihung sind so geplant, dass die Schüler sie selbstständig oder nach einer kurzen Einführung durch den Lehrer bearbeiten können (selbst organisiertes Lernen).

Voraussetzungen und Vorbereitung

Die Materialien sollten möglichst viele unterschiedliche Lernwege berücksichtigen. Die Ziele sind für alle gleich – nämlich die vollständige Bearbeitung ihres individuellen Themenplans –, das aber auf unterschiedlichen Wegen. Dies setzt eine sehr intensive und exakte Vorbereitung durch den Lehrer voraus. „Learning by doing" ist für den Lehrer hier unmöglich, denn er muss tatsächlich alle Eventualitäten berücksichtigen, alle möglichen Lernschritte planen und diese durch Aufgaben und Materialien entsprechend vorstrukturieren.

Voraussetzung für die Arbeit mit dem Themenplan ist eine ständige Selbstkontrolle, da die Kontrolle durch die Gruppe wegfällt. Die Schüler haben so die Möglichkeit, unmittelbar nach Beendigung der Aufgabe das Ergebnis zu kontrollieren. Dadurch lassen sich Fehler viel schneller erkennen und beheben. Die Selbstkontrolle setzt auch mehr Eigenverantwortung bei den Schülern voraus. Jeder Arbeitsschritt wird von den Schülern durch das Eintragen des Datums dokumentiert.

Durchführung

Die Aufgaben werden qualitativ differenziert in Grund-, Erweiterungs- und Zusatzaufgaben. Erkennen, Vergleichen und Darstellen sind die Fähigkeiten, die überwiegend den Grundaufgaben zugeordnet werden. In den Erweiterungsaufgaben geht es darum, sich komplexere Aspekte des Themas unter Einbezug der Fachsprache zu erschließen. Zusatzaufgaben erweitern den Themenbereich oder sind für schnelle Arbeiter ergänzende Arbeitsbereiche.

Neben einem möglichst klein gefassten Grundaufgabenkatalog wird ein großer Zusatzbereich angeboten, aus dem alle Schüler dann mehr oder weniger eine Auswahl treffen können, gerade für die Schwächeren ist das ein motivierender Ansporn.

Im Verlauf der Arbeit an den Inhalten des Themenplans bestimmen die Schüler ihr Arbeitstempo und wählen das Anspruchsniveau der zu bearbeitenden Aufgaben. Der Lehrer beobachtet, hilft und fördert einzelne Schüler oder Kleingruppen. Den Zeitraum für Klassenarbeiten, Tests oder Lernkontrollen gibt der Lehrer vor, den konkreten Zeitpunkt in dieser Woche bestimmt der einzelne Schüler. In einem Begleitbogen dokumentieren die Schüler, welche Aufgaben sie bearbeitet haben.

Die Überprüfung der bearbeiteten Aufgaben des Themenplans auf ihre Richtigkeit und Sorgfalt erfolgt durch den Lehrer oder je nach Altersstufe selbstständig durch die Schüler anhand von Lösungsbögen.

Training für Arbeit mit schriftlichen Anweisungen

Didaktischer Kommentar zur Differenzierung

Differenzierungsmöglichkeiten: Schwerpunkt der individualisierenden Arbeit ist das Arbeiten mit schriftlichen Anweisungen. Diese Fähigkeit müssen die Schüler nicht nur in der Schule, sondern auch im täglichen Leben ständig zeigen (Gebrauchsanweisungen, Reparaturanleitungen, Spielbeschreibungen usw.). Diese Fähigkeit ermöglicht den Umgang mit Büchern und Material ohne fremde Hilfe, macht selbstständig und unabhängig. Im Themenplan können den Schülern (wenn notwendig, individuell verschieden) differenzierte Aufgaben im Rahmen einer Unterrichtseinheit auf mindestens zwei Anspruchsebenen gestellt werden, sodass innerhalb eines Klassenverbandes auf unterschiedlichen Anspruchsniveaus gearbeitet werden kann.

Die Aufgaben sollen so gestellt sein, dass vielfältige Lernwege angesprochen werden (auch handlungsorientierte Elemente).

Gemeinsame Arbeit findet als Partnerarbeit und in Kleingruppen statt. Zusätzlich wird in einzelnen Unterrichtsstunden im Klassenverband exemplarisch an einer Aufgabenstellung gearbeitet.

Themenplanarbeit fordert und fördert selbstständiges und selbst kontrolliertes Arbeiten bei den Schülerinnen. Durch Themenplanarbeit wird der Grad innerer Differenzierung verstärkt: Der Lehrer hat die Möglichkeit, kleine Schülergruppen mit identischen Problemen oder Fragestellungen zu betreuen. Leistungsstärkere Schüler können gezielt gefordert werden, zum Beispiel durch die Bearbeitung von thematisch weiterführenden Zusatzaufgaben, von umfangreicheren Aufgabenkomplexen und von Referaten, in denen Ergebnisse und Erkenntnisse vorgestellt werden. Leistungsschwächere Schüler werden gezielt vom Lehrer angesprochen und gefördert.

Schüler, die vorrangig Aufgaben auf dem niedrigeren Niveau bearbeiten, haben jederzeit die Möglichkeit, anspruchsvollere Aufgaben zu lösen, die dem erweiterten Niveau zugeordnet sind, sodass die Durchlässigkeit zwischen den Leistungsbereichen im Klassenverband wesentlich größer ist.

Entsprechend ihrem jeweiligen Arbeitstempo schreiben die Schüler alleine oder in Gruppen kurze „Zwischentests" im Verlauf einer Unterrichtseinheit. Dadurch erhält der Lehrer einen Überblick über den Leistungsstand der Schüler und kann auftretende Lücken gezielt schließen.

Jeder Themenplan schließt mit einer schriftlichen Arbeit ab, wodurch alle Schüler einer Klasse gemeinsam in einer Prüfungssituation die erworbenen Kenntnisse und Fähigkeiten anwenden müssen. Im sinnvollen Wechsel mit weiteren Unterrichtsmethoden ermöglicht der Themenplan den Zusammenhang von Differenzierung und Integration durch Formen der inneren Differenzierung innerhalb eines Klassenverbandes, der als bedeutendes emotionales Bezugssystem für die Schüler erhalten bleibt. Die Schüler können innerhalb des Klassenverbandes auf unterschiedlichen Anspruchsniveaus innerhalb eines Themas oder einer Unterrichtseinheit arbeiten, sodass eine äußere Differenzierung nicht notwendig ist.

Aufgaben aus dem Themenplan werden in einen fächerübergreifenden Arbeitsplan integriert, sodass eine weitere Differenzierung stattfindet: Schülerinnen können nach- oder vorarbeiten, zusätzlich üben, anspruchsvollere oder vertiefende Aufgaben gestellt bekommen usw.

Schülerrolle und Lehrerrolle: Der Lehrer gibt für die Phasen des freien Arbeitens seine Rolle als Wissensvermittler auf. Im Mittelpunkt des Unterrichts steht der einzelne Schüler mit seinen individuellen Problemen, Interessen und Voraussetzungen. Der Lehrer wird zum Partner der Schüler, er stellt Lernangebote bereit, berät die Schüler und gibt Ratschläge und Hilfestellungen, wo sie erwünscht sind und gebraucht werden. Der Lehrer kann Lerngemeinschaften oder -partnerschaften initiieren, er beobachtet den Lernprozess und hält ihn fest.

Schüler sehen den großen Vorteil der Themenpläne in der ihnen zur Verfügung stehenden Zeit – sie können in Ruhe eine Aufgabe zu Ende rechnen – sie stehen nicht so unter Druck. Auch die Selbstkontrolle und das Nachvollziehen der gemachten Fehler sind weitere positive Aspekte. Außerdem hat jeder Schüler die Möglichkeit, im Krankheitsfalle die Aufgaben selbstständig nacharbeiten zu können.

Die Vorbereitung der Themenpläne ist für den Lehrer oder für das Lehrerteam sehr intensiv – sicher bedeutend mehr als für den Frontalunterricht. Die gesamte Unterrichtseinheit muss ja sehr genau geplant und durchdacht werden und das erfordert Zeit. Aber während der Unterrichtsstunden ist der Lehrer frei von Planungen und Materialbeschaffungen, und er kann sich ganz den einzelnen Schülern widmen. Eine wahre Freude sind Themenpläne für alle Vertretungslehrer. Auf den vorigen Seiten finden Sie ein Beispiel aus dem Mathematikunterricht.

4.1.10 Lernplanarbeit: Themenlandkarten

Eine sogenannte **„Themenlandkarte“** stellt optisch ansprechend und übersichtlich für alle Schüler verschiedene Arbeitsangebote zu einem Thema dar. Die optische Präsentation erlaubt eine rasche und problemlose Orientierung und hilft den Schülern, das für sie jeweils interessante Sachgebiet und die ihren Neigungen und Fähigkeiten entsprechende Methode herauszufinden. Zudem können Hinweise zur Strukturierung und zur Sachlogik grafisch so gestaltet werden, dass die Themenlandkarte das Thema schon zum Teil erschließt.

Voraussetzungen und Vorbereitung

Die Themenlandkarte wird vom Lehrer (oder in Kooperation mit anderen Kollegen) in überlegten Detailschritten aufgebaut und komponiert. Die Vorstrukturierung dieser Karte kann in höheren Klassen gemeinsam mit den Schülern erfolgen, sobald sie in Teilbereichen Sachkompetenz und fachlichen Überblick haben. Die verschiedenen Sachaspekte des neuen Stoffs werden in Stichworten festgehalten und in optisch ansprechender, origineller Form auf einem Blatt Papier oder einer Wandzeitung fixiert.

In den unteren Jahrgängen stellt der Lehrer die notwendigen Arbeitsmaterialien für die Untergruppen selbst vor Beginn der Einheit zusammen oder gibt den Schülern gezielte Hinweise zur Materialbeschaffung.

Durchführung

Beispiel für Geschichte

Im Geschichtsunterricht des Jahrgangs 9/10 ist das Thema „Wie wir wurden, was wir sind – die Bundesrepublik Deutschland" vorgesehen. Der Lehrer stellt dazu zwei Themenlandkarten her, bei denen er die vorherigen Unterrichtseinheiten sowie die Kenntnisse, Interessen und Lernleistungen der Schüler berücksichtigt, nachdem die Themen und einzelnen Schwerpunkte gemeinsam mit den Schüler vorstrukturiert worden sind:

Die erste Themenlandkarte (Seite 96f.) beschäftigt sich mit den geschichtlichen Ereignissen, dem Grundgesetz und den wirtschaftlichen Entwicklungen in Deutschland nach 1945, die zweite Karte (Seite 98f.) beleuchtet die „Geschichte von unten", den Alltag in beiden deutschen Staaten und das Geschlechterverhältnis.

Die Schüler erhalten zur zweiten Landkarte folgende Arbeitsanweisung: „Sucht euch bitte zu jedem Thema einen Schwerpunkt aus, der euch am meisten interessiert. Wählt aus den methodischen Anregungen eine Bearbeitungsmethode aus, die euch Spaß macht und die eine angemessene Bearbeitung des Themas gewährleistet. Falls ihr eigene methodische Ideen einbringen möchtet, ergänzt die vorhandenen."

Für die erste Landkarte gilt die gleiche Arbeitsanweisung mit der Ergänzung: „Falls nicht jedes Thema dieser Landkarte bearbeitet wird, ergänzt der Lehrer der Vollständigkeit halber durch eigene Beiträge die Ausführungen."

Es empfiehlt sich, die Themenlandkarte nicht nur an jeden Schüler zu verteilen, sondern während der gesamten Einheit im Klassenraum hängen zu lassen, denn sie ist für die Arbeit und auch bei der Präsentation der Arbeitsergebnisse eine ausgezeichnete Strukturierungshilfe.

Didaktischer Kommentar zur Differenzierung

Differenzierungsmöglichkeiten: Die Themenlandkarte hält die Schüler zunächst dazu an, das eigene Vorwissen zu aktivieren und darüber nachzudenken, welche Wissenslücken sie in Bezug auf das neue Thema haben und was ihnen besonders wichtig oder interessant erscheint. Die Auswahl des Unterthemas erfolgt also nach Interessen und Neigungen. Durch das individuelle Arbeiten werden eigene Fähigkeiten gefördert und ausgebaut. Indem alle Schüler über die Zuordnung von Inhalten und Methoden entscheiden müssen und damit für den eigenen Lernprozess selbst verantwortlich sind, werden ihre Methodenkompetenzen weiterentwickelt.

Durch zusätzliche visuelle und auditive Materialien und Medien werden die unterschiedlichen Lerntypen berücksichtigt, in erheblichem Umfang das individuelle Fachwissen erweitert und damit die Fachkompetenz gefördert. Insbesondere in den letzten Jahrgängen der Sekundarstufe I sollte darauf besonders viel Wert gelegt werden. Durch die Entscheidung für einen oder mehrere Themenschwerpunkte werden den Schülern kleinschrittig Entscheidungskompetenzen vermittelt.

Schülerrolle und Lehrerrolle: Die Methode führt direkt „in medias res", die Schüler sind nicht gezwungen, zu Beginn umfangreiche Texte oder sonstige Materialien durchzuarbeiten, sondern erhalten direkt einen Gesamteindruck davon, was das neue Thema umfasst und welche Ziele am Ende der Einheit stehen könnten.

Die Schüler erweitern und verbessern ihre individuellen Fertigkeiten, lernen durch entsprechende Vorgaben neue Methoden kennen und können sie für den eigenen Gebrauch verändern und nutzen. Die Förderung individueller Kompetenzen steht für den einzelnen Schüler im Vordergrund.

Der Lehrer übernimmt hier die Rolle des Lernberaters. Er hat mit der Vorbereitung der Themenlandkarte mehr Arbeit als bei herkömmlichen Unterrichtsstunden, und auch die Auswahl der Bücher und Arbeitsmaterialien erfordert im Vorfeld mehr Zeit, weil zum Beispiel geeignete Bücher ausgewählt, weitere Materialien beschafft, Experten herangezogen oder Internetrecherchen durchgeführt werden müssen.

Die folgenden Unterrichtsstunden sind dafür aber weit weniger belastend, denn der Lehrer hat Zeit, die Schüler und ihr Verhalten zu beobachten, er kann Einzelne fördern und ihnen mit Rat und Tat zur Seite stehen.

Wie wir wurden, was wir sind –

UNSER GRUNDGESETZ

Entstehung und Struktur

Geschichte Deutschlands von der Kapitulation bis zur Staatsgründung

- Kapitulation
- Potsdamer Abkommen
- Scheitern der gemeinsamen Deutschlandpolitik
- Marshallplan/Währungsreform
- Frankfurter Dokumente
- Parlamentarischer Rat
- Ratifizierung des Grundgesetzes

WIRTSCHAFTLICHE ENTWICKLUNG

Die unmittelbare Nachkriegszeit

- Schwarzmarkt und Reparationen

Die wirtschaftlichen Grundlagen

- Konzept der Sozialen Marktwirtschaft
- Konzept der Planwirtschaft
- Vergleich der Konzepte

Vom wirtschaftlichen Liberalismus zur Globalisierung

- Wirtschaftswunderzeit
- Rezession von 1966 und ihre Folgen
- Phase der sozialdemokratischen Wirtschaftspolitik (1969–1982)
- Wiederkehr des Neoliberalismus
- EUROLAND und die Folgen
- Weltwirtschaftskrise
- Lissabon: Die Verfassung, die so nicht heißen darf
- Griechenlandkrise: Das Ende des Euros?

AUFBAU UND STRUKTUR DES GRUNDGESETZES

Demokratieprinzip

- Volkssouveränität
- Gewaltenteilung
- Widerstandsrecht
- Mehrparteienprinzip

Föderalismus

- Ausschließliche und konkurrierende Gesetzgebung
- Subsidaritätsprinzip
- Länderfinanzausgleich

Grundrechte

- Gleichheitsrechte
- Freiheitsrechte
- Rechtschutzgarantien
- Institutionelle Garantien
- Menschenrechte
- Bürgerrechte

Shutterstock.com/PhotographyByMK

Die Bundesrepublik Deutschland

GESCHICHTLICHE EREIGNISSE

Die BRD wird souverän
- Debatte um die Wiederbewaffnung
- Konzept der Europäischen Verteidigungsgemeinschaft
- Deutschlandvertrag und Natoaufnahme

Integration in das westliche Bündnis
- Stalin-Note
- Zwei-Staaten-Theorie
- Adenauers Konzept: Poliltik der Stärke

Annäherung und Neue Ostpoliitik
- Brandts „Politik der kleinen Schritte"
- Grundlagenverträge
- Aufnahme beider deutschen Staaten in die UNO
- Arrangement des friedlichen „Miteinander"

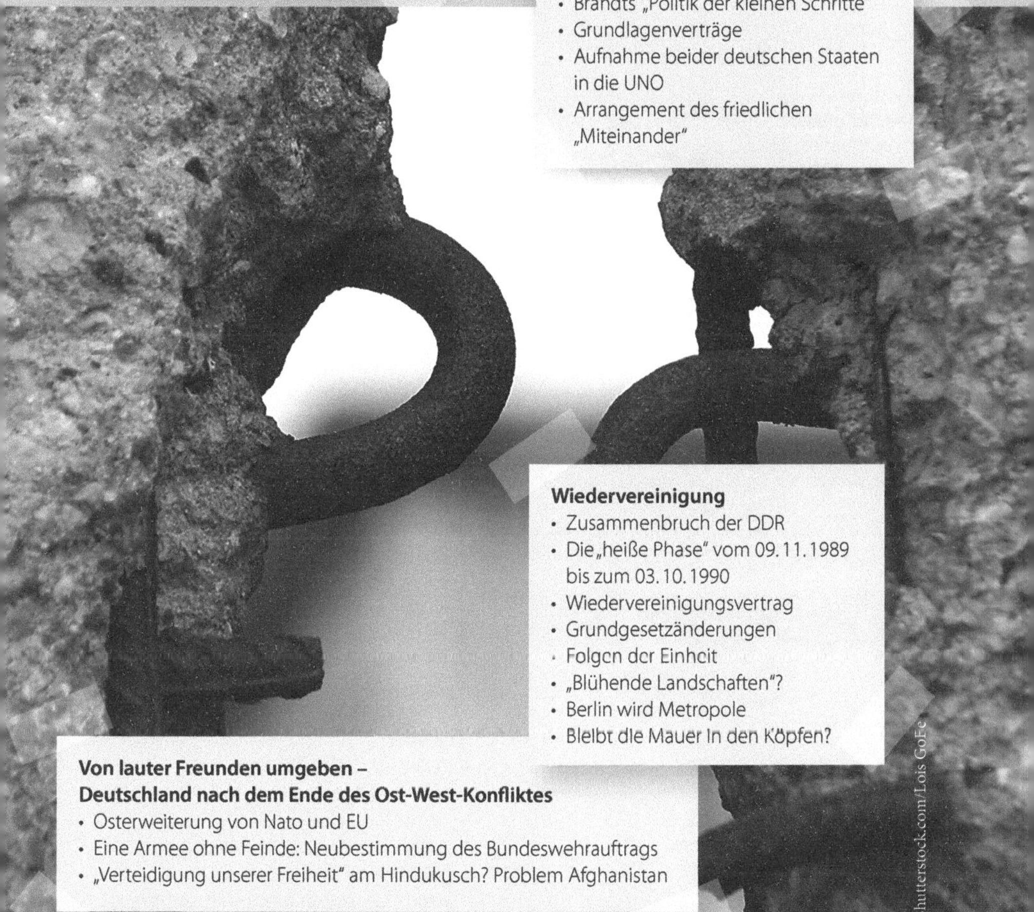

Shutterstock.com/Lois GoFe

Wiedervereinigung
- Zusammenbruch der DDR
- Die „heiße Phase" vom 09.11.1989 bis zum 03.10.1990
- Wiedervereinigungsvertrag
- Grundgesetzänderungen
- Folgen der Einheit
- „Blühende Landschaften"?
- Berlin wird Metropole
- Bleibt die Mauer in den Köpfen?

Von lauter Freunden umgeben – Deutschland nach dem Ende des Ost-West-Konfliktes
- Osterweiterung von Nato und EU
- Eine Armee ohne Feinde: Neubestimmung des Bundeswehrauftrags
- „Verteidigung unserer Freiheit" am Hindukusch? Problem Afghanistan

Wie wir wurden, was wir sind –

Alltag in beiden deutschen Staaten

- Materielle Lebensverhältnisse
- Wohnsituationen
- Einkommensverteilung
- Reisestatistiken
- Schulsysteme
- Freizeit

Mit der „Vespa" wird das Motorrad neu erfunden. Der Entwurf von Coradino d'Ascanio verschafft dem italienischen Design schon 1946 Weitgeltung.

Heute wie früher haben luftdicht verschlossene Kunststoff- bzw. Glasbehälter einen enormen Erfolg – nicht nur beim Transport von Nahrungsmitteln, sondern auch beim Kühlen oder Einfrieren.

Kunststoff für das Kinderspiel. 1958 erfindet der dänische Tischler O. K. Christiansen den genial einfachen Lego-Baustein mit Kupplungsnoppen.

Geschichte „von unten"

Wilde Zeiten: Von Teddyboys zu Technokids

Die 50er
- Aufbruch in Trümmern
- Sehnsucht an der Kette
- Rebellion der Jugendlichen
- Jugendliteratur und Filmtipps der 50er-Jahre

Die 60er
- Vom Rock'n Roll zum Beat
- Verweigerung – cool und kulturell
- When the Music's over
- Satisfaction?
- Die sexuelle Befreiung
- Polit-Artisten – außerparlamentarische Kämpfe
- Jugendliteratur und Filmtipps der 60er-Jahre

Die 70er
- Von APO zu ÖKO
- Alternative Wege und Fluchten
- Neue Perspektiven? Familie und Beruf
- Vergnügen in der freien Zeit
- Musik-Botschaften, Glitzer und Endzeit
- Jugendliteratur und Filmtipps der 70er-Jahre

Die 80er
- Der umkämpfte Raum – Straßen, Häuser, Musik
- Protest mit Wirkung
- Vermarktung der Jugendkulturen
- Die neue Sauberkeit
- Jugendliteratur und Filmtpps der 80er-Jahre

Die 90er
- Techno und Grunge – zwischen Riesenparty und Verweigerung
- Sport? Kicks und Fun!
- Rechter Thrill und Politikverachtung
- „Willkommen zu Hause" – TV und Co
- Zwischenmenschliches – Flirt, Sex, Familie
- Jugendliteratur und Filmtipps der 90er-Jahre

Die Bundesrepublik Deutschland

Geschlechterverhältnis

- Haus- und Erwerbsarbeit
- Frauen- und Männerberufe
- Von der Großfamilie zum Lebensabschnittspartner
- Wandel der sexuellen Normen
- Soziale Schichten und Milieus
- Fragmentierung der Lebensläufe
- Frauen in der Politik
- Frauen in der Öffentlichkeit
- Emanzipationsbewegung

Methodische Anregungen

- Gespräche/Interviews mit Zeitzeuginnen/Zeitzeugen führen
- Briefe interpretieren und/oder selber schreiben
- lebensgeschichtliche Interviews durchführen
- Statistiken und Schaubilder auswerten und interpretieren
- Interpretation politischer Karikaturen
- Verfassungstexte untersuchen
- Kritische Analyse von Spiel- und Dokumentarfilmen
- Zeitungsartikel zu einem aktuellen politischen Konflikt analysieren
- Bildmaterial beschreiben und kritisch hinterfragen
- Geschichtsbücher (alt-neu) vergleichen
- Expertengespräche initiieren, durchführen und auswerten
- Historische Ausstellungen besuchen
- aktuelle Berichterstattung in den Medien auswerten und dokumentieren
- Referat zu einem komplexen Sachverhalt halten

1983 kamen bunte und poppige Uhren in vielfältigem Design auf, die auch heute noch produziert werden und sehr beliebt sind.

Shutterstock.com/haveseen

Das neue Jahrtausend

- Chatrooms und Communities
- Die neue Tablet-Sucht: iPAD, WEPAD
- Castingshows: GNT, DSDS
- Virtuelle Welten, Parallelwelten
- Patchwork-Familien
- Spaßgesellschaft ohne Ende.

Eine Revolution an der Tür. Bunte Klinken, die Akzente setzen sollten, wurden plötzlich in vielen Häusern angebracht. Es folgte eine ganze Serie von Beschlägen und Armaturen. Die Formen aus Polyamid eignen sich optimal für moderne Spritzgußverfahren und sind in zwölf Farben lieferbar.

Ursprünglich geht die Gestaltung von Piktogrammen für unterschiedliche Sportarten auf Otl Aicher zurück, der sie für die Olympischen Spiele 1972 entwickelte. Heute gehören Piktogramme zum Alltag und werden in vielfältigen Bereichen eingesetzt.

Small is beautiful. Das Stadtmobil „Smart" braucht wenig Treibstoff und wenig Parkraum.
Seit Ende 1998 ist es auf dem Markt, Von 2000 an sollen jährlich 200 000 davon gebaut werden.

Shutterstock.com/EmBeSy

100 000 Apps.
100 000 Möglichkeiten zum Staunen.
Erleben Sie die neuen Smartphones. Mit neuen Funktion wie Videokamera, Sprachsteuerung und mehr …

Wenn nicht alle Schwerpunkte der Landkarte von den Schülern bearbeitet werden, es aber für die Unterrichtseinheit notwendig ist, alle Bereiche zu kennen, sollte der Lehrer die fehlenden Aspekte durch entsprechende Planung ergänzen.

4.1.11 Hausarbeit: Hausaufgaben

Hausaufgaben werden meist außerhalb der Unterrichtszeit zu Hause erledigt (eventuell auch mit Hilfestellung in der Schule oder im Rahmen privater Nachhilfe). Sie sind die gebräuchlichste Form der Ergebnisfestigung und -sicherung. Von den meisten Lehrern werden die Hausaufgaben als übende Wiederholung oder als Vorbereitung für ein neues Thema zu Stundenbeginn besprochen bzw. erläutert und kontrolliert.

Sinnvoll gestaltete Hausaufgaben können folgende Funktionen erfüllen:

- Erlernen des selbstständigen Arbeitens,
- Fortsetzung des Unterrichts,
- übendes Wiederholen,
- Festigung des Wissens,
- Kontrolle des Lernerfolgs.

Die Praxis der Hausaufgabenstellung steht in unmittelbarem Zusammenhang mit dem vom Lehrer realisierten Unterrichtskonzept. Im individualisierenden Unterricht bieten sich viele Möglichkeiten für fach- oder handlungsorientierte, produktive, differenzierte oder freiwillige Hausaufgaben. Sie dienen normalerweise der Übung und Festigung des eigenen Wissens.

Der Erfolg der erledigten Hausaufgaben ist abhängig von der Art der Aufgabenstellung und den individuellen Lernvoraussetzungen des Schülers. Die negativen Auswirkungen von Hausaufgaben bestehen darin, dass sie

- zum schnellen Abschreiben verführen,
- zu Ausreden oder Notlügen „anregen", wenn sie nicht erledigt wurden,
- Ängste und Druck verursachen und
- nicht zuletzt zu häuslichem Stress führen, wenn Eltern streng auf ihre Erledigung achten.

Nur wenn die Schüler einsehen, dass die Hausaufgaben Sinn machen, werden sie diese auch erledigen. Das ist dann der Fall, wenn die Hausaufgaben zur Fortsetzung des Unterrichts beitragen und wenn sie regelmäßig kontrolliert werden. Hausaufgaben haben aber nicht nur einen unterrichtlichen, sondern auch einen erzieherischen Aspekt. Sie stellen das Bindeglied zwischen Elternhaus und Schule her. Die Eltern bekommen mit, was in den Unterrichtsstunden in der Schule geschieht.

Probleme treten auf, wenn die Schüler zu Hause keine Möglichkeit haben, sich von einem Elternteil betreuen zu lassen. Hier ist es nach unserer Erfahrung notwendig, in der Schule Hausaufgabenbetreuungen durch ältere Schüler einzurichten.

Durchführung

Hausaufgaben gehören zur Routine jeder Lehrkraft. Darum verzichten wir hier auf weitere Erläuterungen und zeigen stattdessen an einem Beispiel, wie leistungs- und interessendifferenzierte Hausaufgaben gestaltet werden können.

Beispiel für Leseaufgaben

Im Jahrgang 6 soll das Buch „Harry Potter und der Stein der Weisen" gelesen und bearbeitet werden. Einige wenige Schüler kennen und besitzen diesen ersten Band, die meisten wissen nur um die Popularität der Harry-Potter-Reihe, haben sie aber noch nicht gelesen. Nicht alle Schüler der sechsten Klasse haben die Geduld dazu, ein so umfangreiches Buch (17 Kapitel) zu lesen.

Deshalb entscheiden wir uns für folgendes Vorgehen: Jeder Schüler liest verpflichtend ein Kapitel. Wer möchte, kann mehr lesen. Alle Kapitel werden in der Klasse als Hausaufgabe verteilt, sodass mindestens ein oder zwei Schüler den Inhalt jeweils eines Kapitels genau kennen. In den Deutschstunden werden dann die einzelnen Kapitel zum Inhalt des ganzen Buches zusammengefügt. Die Schüler bearbeiten alleine oder zu zweit die entsprechenden Arbeitsblätter zu ihrem Kapitel und stellen der ganzen Klasse ihre Arbeitsergebnisse vor. Erst am Ende der Unterrichtseinheit – während der Präsentation der Arbeitsergebnisse – erfahren einige Schüler dann den Inhalt des gesamten Buches.

Da es die Harry-Potter-Bände auch als Hörbücher gibt, entsteht eine zusätzliche Möglichkeit der Differenzierung für einige leseschwache Schüler: Sie können einzelne Passagen lesen und andere hören. So verstehen sie deutlich mehr, als wenn sie nur kurze Abschnitte lesen würden.

Didaktischer Kommentar zur Differenzierung

Differenzierungsmöglichkeiten: Die Erledigung der Hausaufgaben kann auf unterschiedlichen Leistungsniveaus erfolgen, die Bearbeitungszeit ist von Schüler zu Schüler sehr unterschiedlich, ebenso die Bedingungen, unter denen die Aufgaben erledigt werden.

Mithilfe von Hausaufgaben können Schüler individuell gefördert werden. Dabei sollte der Lehrer darauf achten, dass er die Schüler weder überfordert (zu viele Aufgaben und damit hoher Zeitbedarf) noch unterfordert (nur eine läppische Aufgabe, die flüchtig erledigt wird). Die Ausgewogenheit der Aufgabenstellung kann nur über die Anpassung an die individuellen Lernstände der Schüler erfolgen. Sinnvoll sind auch unterschiedliche Schwierigkeitsgrade oder -stufen in der Aufgabenstellung, die Aufteilung in Pflicht- und Wahlbereiche oder ergänzende Zusatzaufgaben.

Die Schüler lernen selbstständiges Arbeiten und übernehmen gleichzeitig die Verantwortung für ihren eigenen Lernerfolg.

Hausaufgaben in einem Arbeitsplan

Gute Erfahrungen haben wir mit folgendem Verfahren gemacht: Wir stellen alle Hausaufgaben zu einem Thema in einem Arbeitsplan zusammen. Dieser Arbeitsplan hat für die ganze Zeit, während das Unterrichtsthema behandelt wird, seine Gültigkeit. Die Schüler entscheiden, wann sie welche Aufgaben erledigen. Einmal in der Woche oder zu bestimmten „Meilensteinen" werden die Aufgaben besprochen und nachbereitet. So entfällt die regelmäßige stündliche Besprechung, die oft viel effektive Lernzeit kostet (manchmal mehr als die Hälfte einer Unterrichtsstunde).

Schülerrolle und Lehrerrolle: Hausaufgaben werden außerhalb des Unterrichts oft ohne unmittelbare Kontrolle durch den Lehrer (oder eine andere Person) angefertigt. Sie ermöglichen den Schülern daher selbstständiges und selbstbestimmtes Arbeiten, dies allerdings nicht in dem Maße wie bei der Anfertigung von Referaten oder Facharbeiten, da die Kontrolle in der nächsten Stunde erfolgt.

Wir könnten daher auch kritisch formulieren, dass die Erledigung der Hausaufgaben dazu führt, dass der Schüler alleine und in Erwartung von Sanktionen täglich vorgegebene Anforderungen erfüllen und entsprechende Leistungen erbringen muss. Um den befürchteten Sanktionen, wenn der Schüler die Aufgaben nicht erledigt hat, zu entgehen, führt das System auch zum Täuschen, Tricksen, Abschreiben, Lügen und damit unter Umständen zu schulischem und häuslichem Stress.

Dem stehen als positive Konsequenzen gegenüber, dass Schüler bei der Erledigung von Hausaufgaben allein Wissen rezipieren und darstellen und selbstständig Instruktionen befolgen, sich dabei in grundlegenden Fertigkeiten üben und ihre Leistungen stetig verbessern können.

Die Kontrolle der Hausaufgaben bildet die in allen Schulformen und -stufen mit Abstand häufigste Stundeneröffnung und fixiert die Lehrerrolle wie kein anderes schulisches Ritual. Im günstigen Fall tritt der Lehrer nicht nur als Kontrolleur auf, sondern bespricht die differenziert gestellten Hausaufgaben ausführlich und würdigt die Ergebnisse.

4.1.12 Digitalisierung: Lernsoftware

Wie bereits im Kapitel Digitalisierung ausgeführt, geht es beim Einsatz von Lernsoftware nicht darum, in einem speziell eingerichteten Computerraum ein **Lernprogramm** mit der ganzen Klasse zu nutzen, sondern um die Einzelarbeit an den in der Klasse vorhandenen PCs. Während also auf der Hauptbühne des Unterrichts ein bestimmtes Thema erarbeitet wird, können Schüler, die – aus welchen Gründen auch immer – freie Zeit zur Verfügung haben, am PC, Laptop oder Tablet mithilfe von Lernsoftware oder Online-Förderprogrammen ihre Kenntnisse zu diesem Thema vertiefen, mit anderen Bereichen vernetzen oder – im Falle lernschwacher Schüler – fehlende Grundlagen nachholen.

Da der Erfolg dieser vom Lehrer meist nicht kontrollierten Einzelarbeit fast ausschließlich von der Qualität der Lernsoftware abhängt, verzichten wir hier auf den üblichen Kapitelaufbau und möchten stattdessen einen Kriterienkatalog präsentieren, den wir für gute Lernsoftware erstellt haben.

> Unsere Leitfragen für diesen Kriterienkatalog waren folgende:
> 1. Wie gehen Schüler mit den verschiedenen Leistungsniveaus um, die das Programm bietet?
> 2. Wie empfinden die Schüler die persönliche Ansprache?
> 3. Wie reagieren die Schüler auf positive Bestätigungen durch die Software?
> 4. Welche fachlichen, didaktischen und methodischen Unterstützungen bietet die Hilfefunktion?

Kriterien für gute Lernsoftware

Wir haben die Kriterien in zwei Aspekte gegliedert:

1. Benutzeroberfläche

Kriterien für gute Lernsoftware

Gute Lernsoftware sollte so gestaltet sein, dass die Benutzeroberfläche folgende Anforderungen erfüllt:

- Es sollte eine möglichst einheitliche und übersichtliche Oberfläche für jede Lernsoftware existieren, die eine im Vordergrund bleibende Menüleiste liefert, über die alle Befehle per Maus ausgeführt werden können und die eine intuitive Bedienung ermöglicht.
- Das Programm soll die Eingaben der Schüler tolerant behandeln,
- klare Arbeitsanweisungen liefern,
- schnelle Hilfe bei Problemen geben,
- keine störenden Elemente enthalten (z. B. blinkende Felder, Sounds usw.),
- nicht ständig zwischen verschiedenen Auswahlmenüs hin- und her schalten,
- gelöste Aufgaben ausdrucken,
- den erreichten Lernstand abspeichern.

2. Didaktik

- Gute Lernsoftware sollte so gestaltet sein, dass sie
- Gruppenarbeit am Rechner unterstützt,
- den Schülerwechsel organisiert und die Taktfrequenzen dabei nicht zu lang wählt,
- nicht den Wettkampfcharakter fördert,
- Erfolgserlebnisse für alle Schüler durch verschiedene Leistungsniveaus sichert,
- möglichst viel Eigeninitiative der Schüler zulässt,
- Fehler analysiert und korrigieren lässt,
- differenzierte Hilfeleistungen liefert, die noch nicht gleich zur Lösung führen,
- die Lösungsvorschläge erläutert,
- keine negativen Beurteilungen liefert,
- den Schüler persönlich anspricht,
- einen spielerischen Charakter hat.

4.1.13 Außerschulische Arbeit: Interviews

Das didaktische Prinzip des Instruments Interview ist denkbar einfach. Schüler sollen in der individuellen Situation mit einem Interviewpartner eine Reihe von Fach- und Sozialkompetenzen erwerben: Sie sollen entsprechende Fragestrategien entwickeln, um aussagekräftige Informationen zu erhalten, die zu ihrem Anliegen passen. Dazu müssen sie sich das entsprechende Fachwissen aneignen.

Sie sollen aber auch lernen, den Interviewpartner gezielt zu einer Meinungsäußerung oder Stellungnahme zu bewegen (dies ist gewissermaßen das Salz in der Suppe). Letzteres läuft auf eine bewusste Konfrontation hinaus, die vom Interviewer ein großes Maß an Selbsteinschätzung und Wissen um die Wirkung der eigenen Person auf andere voraussetzt – ein ausgesprochen anspruchsvolles Ziel im Bereich Sozialkompetenz. Die Schüler brauchen dafür Fingerspitzengefühl und Takt.

Die Expertenbefragung und die Reportage sind Sonderformen des Interviews mit anderer didaktischer Zielsetzung, auf die hier aus Platzgründen nicht näher eingegangen werden kann. Die Interviewpartner werden nicht willkürlich oder nach dem Zufallsprinzip ausgewählt, der Ablauf solch einer Befragung ist weniger spontan und muss sorgfältiger vorbereitet werden, da die Expertenbefragung meist vor der gesamten Klasse stattfindet und somit einen gewissen öffentlichen Charakter hat. Die Themen sollten so beschaffen sein, dass die Schüler bereits einige Vorkenntnisse haben und gespannt sind auf genauere Informationen. Dadurch wird den Schülern ein handelnder Umgang mit ihren eigenen Interessen ermöglicht.

Voraussetzungen und Vorbereitung

Bevor die Schüler in Einzelarbeit auf ihre Interviewpartner treffen, müssen die methodischen Fertigkeiten trainiert werden. Bei ungeübten Schülern jüngerer Jahrgänge meinen wir, dass es geschickter ist, den informativen Teil des Interviews möglichst groß und den konfrontativen möglichst klein zu halten. Hilfreich sind Probedurchläufe in der eigenen Klasse und Selbstversuche.

Außerdem muss eine Reihe von Sachfragen geklärt werden:

- Wie umfangreich und ins Detail gehend soll der Interviewleitfaden sein?
- Sollen die Interviews eher geschlossen oder offen sein, will der Schüler also mit einem vorher festgelegten Fragenkatalog auf die Leute zugehen oder sollen die Interviewten breiteren Raum für spontane Äußerungen oder längere Erzählungen erhalten?
- Sollen Einzelpersonen oder Gruppen interviewt werden? Die zweite Variante kann den Vorteil haben, dass Interviewte in einer Gruppendiskussion Dinge sagen, die sie vielleicht im Einzelgespräch so nicht äußern würden.
- Wie sollen die gewonnenen Ergebnisse gesichert werden? Reicht ein Ergebnisprotokoll oder sollen die Antworten aufgenommen und vielleicht sogar transkribiert werden?
- Sollen die Ergebnisse nur der Klasse oder einem breiteren Publikum vorgestellt werden?

Durchführung

Beispiel Politik

Im Politikunterricht einer 9. Klasse steht innerhalb einer Unterrichtseinheit zum Thema „Der europäische Agrarmarkt“ das Thema „Seuchen“ an. Die Klasse beschließt zur Auslotung des gegenwärtigen Wissensstands Interviews durchzuführen. Über die Ziele sind sich alle rasch einig: Zum einen möchten die Schüler gerne erfragen, welche Fakten über die Geschichte des „Seuchenproblems“ den Menschen ihrer näheren Umgebung bekannt sind (informativer Aspekt), zum anderen möchten sie auch gerne bei den Interviewten nachhaken und Stellungnahmen erfragen, denn gerade der ganz persönliche Umgang mit dem Risiko ist durch die hohe Betroffenheit aller von großem Interesse (konfrontativer Aspekt).

Zu diesem zweiten Aspekt muss der Leitfaden offener sein, denn die Interviewten sollen ihre Stellungnahmen zu den Fragen begründen, um so

Gesprächsanlässe zu schaffen. Als Zielgruppe werden Schüler aus den Parallelklassen sowie Passanten in der Fußgängerzone ausgewählt.

Die Fragen nach den Fakten haben einen ziemlich geschlossenen Charakter, danach sollen einige Fragen einen persönlichen Bezug zu der Thematik herstellen und zu individuellen Statements bewegen. Der konfrontative Teil ist derjenige, in dem die Differenzierung aufgrund der unterschiedlichen Fähigkeiten der Schüler einsetzt. Schließlich entsteht in gemeinsamer Arbeit der folgende Interviewleitfaden.

Didaktischer Kommentar zur Differenzierung

Differenzierungsmöglichkeiten: Jeder Schüler kann entsprechend seinem Sprachverhalten und -verständnis Interviewfragen entwickeln und stellen. Dadurch entsteht eine Differenzierung nach individuellen sprachlichen Voraussetzungen. Das Ziel ist für alle Schüler grundsätzlich gleich, der Schwerpunkt liegt auf den jeweiligen individuellen Interessen und Vorlieben der Schüler. Hier wird nicht nur die Methodenkompetenz des Befragens, sondern insbesondere auch die Selbstkompetenz gefördert. Gerade im konfrontativen Teil des Interviews erleben die Schüler unmittelbar, ob ihre Fragen zu Erfolg oder Misserfolg führen.

Leitfaden zum Interview über Seuchen

Wissensfragen

1. Welche gesundheitlichen Folgen kann zum Beispiel die Schweinegrippe im schlimmsten Fall beim Menschen haben?
2. Was ist letztendlich die Ursache für die Entstehung dieser Seuche?
3. Wann sind etwa die ersten Fälle in Deutschland aufgetaucht?
4. Schätzen Sie, wie oft in den letzten Jahren von hochrangigen deutschen Politikern der folgende Satz gesagt wurde: „In Deutschland sind wir sicher!"
5. Welche Maßnahmen sind in Deutschland getroffen worden, um die Schweinegrippe einzudämmen?

Offene Fragen, die Stellungnahmen erfordern

A. Ist es notwendig, wegen der Schweinegrippe die Schulen zu schließen?
B. Wie werden Sie reagieren, wenn ein nächster Verwandter von Ihnen sich mit der Schweinegrippe angesteckt hat?
C. Was haben Sie bis jetzt zur Vorbeugung gegen Schweinegrippe unternommen – Grippeimpfung usw.?
D. Erstellen Sie bitte eine Prognose! Werden wir in den nächsten Jahren weitere Seuchen zu befürchten haben und wenn ja, warum?

Geschickte Fragestellungen und der taktvolle Umgang mit dem Interviewpartner sind die Grundlagen für den Erfolg des Interviews und diese können je nach Schüler sehr unterschiedlich ausfallen.

Das Interview bezieht sich ausschließlich auf die sprachliche Ebene, die Sprache ist hier aber nur Medium für Schüleraktivitäten und Handlungslernen.

Das Interview ermöglicht den Schülern, primäre Erfahrungen zu machen und selber aktiv den eigenen Erkenntnisprozess zu steuern. Dies ist unseres Erachtens der wichtigste Aspekt. Zudem lernen die Schüler die Bedeutung des eigenen Vorwissens für die Aneignung neuer Kenntnisse schätzen. Ein Interview kann nur führen, wer von der Thematik ein gewisses Vorverständnis und dazu eine eigene Meinung hat. Schließlich können die Schüler lernen, wie mündlich erhobene Daten schriftlich aufbereitet, gesichert und im größeren Kreis diskutiert werden.

Sie erkennen auf diese Weise, dass die durchgeführten Interviews so etwas wie eine objektive Qualität haben können, erfahren aber auch, dass durch gezielte Auswahl von Zitaten, durch Auslassungen und durch entsprechende Fragen Aussagen manipuliert und sogar in das Gegenteil des eigentlich Gemeinten umgedreht werden können.

Als letzter Aspekt ist das Training der textanalytischen Fähigkeiten zu nennen: Schon bei der Überlegung, welche Äußerungen der Interviewten wichtig und aufschreibenswert sind, und später bei der Erörterung des transkribierten Textes oder des Gedächtnisprotokolls werden auf individuell differenzierter Basis die klassischen Fähigkeiten der Textinterpretation geübt.

Schülerrolle und Lehrerrolle: Die Schüler lernen, Fragestrategien zu entwickeln und am lebenden Objekt zu erproben. Sie erhalten während der Interviews und auch während der Auswertung unmittelbare Rückmeldungen über die Qualität des eigenen Vorgehens. Gerade die offeneren Interviewformen bilden ein ausgezeichnetes Training zur Gesprächsführung. Hinzu kommt die Stärkung der Selbstständigkeit.

Die Lehrerrolle beschränkt sich auch bei diesem Instrument des individualisierenden Unterrichts auf die Rolle des Arrangeurs und Beraters. Zur Vorbereitung kann er im Unterricht ein gezieltes Interviewtraining durchführen und die Gestaltung der Fragenkataloge lenken.

4.1.14 Außerschulische Arbeit: Praktikum

Zu den Aufgaben der allgemeinbildenden Schulen gehört es, erste Erfahrungen mit einer betrieblichen Realität zu vermitteln. Dies ist in den Grundsatzerlassen festgelegt. Die Rahmenrichtlinien fast aller Fächer nehmen diese Zielsetzung auf und konkretisieren sie auf der Ebene der Sachthemen.

Das Instrument **Betriebspraktikum** gibt den Schülern die Möglichkeit, aus der abgegrenzten Institution Schule mit ihren Planspielen den Schritt in die Wirklichkeit zu wagen. Der Schüler kann bereits Erlerntes überprüfen und bekommt auf der anderen Seite eine Chance, noch unbekanntes Verhalten und Wissen kennenzulernen. Darüber hinaus ergibt sich gerade hier der logisch zwingende Grund zur Anknüpfung von Beziehungen zu anderen Institutionen wie Agentur für Arbeit oder Gesundheitsamt.

Voraussetzungen und Vorbereitung

Der Wirtschaftskunde-Unterricht mit den Betriebspraktika ist für Schüler eine wichtige Vorbereitung für ihre Berufswahl. Zu einem praxisnahen Unterricht gehört auch der Anschauungsunterricht vor Ort mit allen dazugehörigen Konsequenzen (Arbeitsweg, Arbeitszeit, Wochenendarbeit, Schichtarbeit usw.). In enger Zusammenarbeit mit dem Berufsinformationszentrum, den Eltern und den Schülern wird über Selbst- und Fremdeinschätzung von Fähigkeiten und Fertigkeiten, durch „Schnuppertage" (Eintagspraktika) und durch Expertenbefragung (Auszubildende, Ausbildungsmeister, Personalchefs) mit und für jeden Schüler ein individuelles Profil erstellt.

Planungsalternative

Die folgende Auflistung stellt eine Planungsalternative eines Praktikums dar:

- Kontaktaufnahme mit den Berufsberatern der Agentur für Arbeit und wirtschaftlichen Verbänden, die vor Ort mit Schulen zusammenarbeiten,
- Durchführungen von Betriebsbesichtigungen, -erkundungen und Eintagspraktika,
- Gespräche mit Experten aus Wirtschaft und Verwaltung und mit den Gewerkschaften,
- Untersuchung von Berufen und Berufsfeldern (regionales Angebot, Möglichkeiten der Ausbildung, Zukunftsorientierung),
- Kontaktaufnahme mit Betrieben und Verwaltung und Suche nach entsprechenden Praktikumsplätzen,
- Erarbeitung von Kriterien für den Praktikumsbericht oder für eine Praktikumsmappe.

Durchführung

Schülerpraktika finden in der Sekundarstufe I im 8. Jahrgang und/oder in der Sekundarstufe II im 10. Jahrgang statt. Sie erstrecken sich über einen Zeitraum von zweimal 14 Tagen oder einmalig 21 Arbeitstagen und sind der altersgemäßen Arbeitszeitverordnung angepasst. Während dieser Zeit wechseln die Schüler ihre Rolle und übernehmen die Pflichten und Rechte von Auszubildenden, d. h., sie müssen sich in die Struktur der entsprechenden Betriebe einfügen.

Besuche und Beratung durch die verantwortlichen Lehrer finden meist einmal in der Woche zu abgesprochenen Terminen statt. In diese Gespräche sollte auch der zuständige Betreuer des Betriebes mit eingebunden werden. Nach unseren Erfahrungen ist es empfehlenswert, einen gemeinsamen Termin mit allen Schülern der Klasse etwa zur Hälfte des Praktikums zu verabreden, damit Erfahrungen ausgetauscht und Schwierigkeiten benannt und möglichst behoben werden können.

Am Ende des Betriebspraktikums (nach Fertigstellung der Praktikumsberichte) findet dann ein Abschlussgespräch mit allen Beteiligten statt. Dabei müssen die vom Schüler erstellten Berichte dem Betrieb vorgelegt werden.

Didaktischer Kommentar zur Differenzierung

Differenzierungsmöglichkeiten: Lernen vor Ort mit allen dazugehörigen Konsequenzen führt zu einer Erweiterung des Bewusstseins und damit zur Stärkung der Position des einzelnen Schülers nicht nur in seiner Familie (er ist ja jetzt auch „berufstätig“), gegenüber seinem Lehrer (schließlich hat der ja noch nie als Arzthelfer gearbeitet) und auch gegenüber den Mitschülern (denn ist er ja nun der Experte für Autoreparaturen).

Einen interessanten Denkanstoß gab auch ein mit uns befreundeter Vertreter für das indianische Schulwesen in Nordamerika, der das Problem unserer Schule (gemeint ist die Schule des „weißen Mannes“) so beschrieb, dass die Lehrer die Lerninhalte in die Schule brächten, ehe die Schule beginnen würde. Dabei könnte man die Lerninhalte direkt im Umkreis der Schule herum ausfindig machen. Diese Anregung ist aufgrund ihres einfachen Lösungsansatzes frappierend.

Schülerrolle und Lehrerrolle: Eine Schule ist eine Organisation für das Lernen (manchmal auch nur für das Lehren). Lehrer vermitteln Inhalte, die sie bereits kennen und erleben. Dadurch entstehen Kommunikationssituationen, die nicht dem Lebensalltag entsprechen:

Während außerhalb der Schule Fragen deshalb gestellt werden, damit man Antworten erhält, die man vorher noch nicht weiß, werden die meisten Fragen im Unterricht deshalb gestellt, damit man genau die Antworten erhält, die man schon weiß. Das dabei sich selbst perpetuierende Schema lautet: Lehrer fragt – Schüler antwortet – Lehrer bewertet. Die Rechtfertigung für diese Endlosschleife ist das Prinzip des Lernens auf Vorrat. Die Schüler erwerben Kenntnisse und Fertigkeiten, die sie im Augenblick nicht brauchen, von denen man aber annimmt, sie würden sie später einmal brauchen.

Praktika bieten den Schülern und den Lehrern die Möglichkeit, diesen Kreislauf entsprechend folgender Handlungsanleitung zu unterbrechen: „Die Menschen stärken, die Sachen klären" (von Hentig 1985), von uns ergänzt und erweitert durch den Zusatz „das System verstehen".

4.2 Instrumente der Differenzierung im kooperativen Unterricht

4.2.1 Projektarbeit: Projekt

Mit dem Begriff Projektunterricht ist in den letzten dreißig Jahren viel Schindluder getrieben worden, er wird häufig als völlig unscharfer Sammelbegriff für all das benutzt, was den Rahmen des „Normalen" verlässt. Aber wie schon unsere Definition im Kapitel „Projektarbeit" zeigt, ist ein **Projekt** nicht allein dadurch definiert, dass handlungsorientiert oder schülerbezogen gearbeitet wird. Projekte, verstanden als Instrumente zur Hervorbringung von Kompetenzen im kooperativen Unterricht, haben einen anspruchsvollen, ganzheitlichen Charakter, den wir Ihnen anhand einer Tabelle (siehe folgende Seite) verdeutlichen wollen.

Da wir sehr genau begrifflich trennen, möchten wir Ihnen aufzeigen, welche Verbindungen und welche Unterschiede zwischen Projekten, projektorientiertem Unterricht, Vorhaben und lehrgangsförmigem Unterricht bestehen.

Die in der Tabelle klar zu erkennende optische Trennung zwischen den einzelnen Instrumenten dient nur der Präzisierung, ihre Übergänge sind aber fließend. Auch die von uns genannten Kategorien sind nicht absolut, sondern komparativ zu verstehen – so ist zum Beispiel die Lehrerrolle beim Vorhaben eher initiierend-strukturierend als in den anderen Formen.

Voraussetzungen und Vorbereitung

In dem Buch „Kleines Methoden-Lexikon" von Wilhelm H. Peterßen (vgl. 1999, 236ff.) wird für das Projektlernen eine bestimmte Phasenfolge vorgeschlagen:

- Initiativphase,
- Informationsphase,
- Planungsphase,
- Produktionsphase,
- Verifikationsphase,
- Präsentationsphase,
- Aktionsphase.

Peterßen fordert für ein Projekt, dass mindestens die ersten fünf Phasen durchlaufen werden müssen, damit von einem Projekt gesprochen werden kann. Nach unseren Erfahrungen sind aber auch die Präsentations- und die Aktionsphase als Ergebnissicherung und zur Einbeziehung der Eltern in die schulische Arbeit unbedingt notwendig.

Durchführung

Im 7. Jahrgang einer vierzügigen Schule ist eine einwöchige Projektphase (Aufhebung des Stundenplans) zu einem beliebigen Thema curricular vorgesehen. In den vier Klassen wird gemeinsam mit den Klassenlehrern über ein altersangemessenes interessantes Thema nachgedacht. Der entscheidende Impuls während dieses Brainstormings kommt ausgerechnet von den „Computerfreaks" dieses Jahrgangs: „Was haltet ihr von einem Projekt zum Thema ‚Literatur'? Da können viele Schüler auch mal ans Lesen gebracht werden, anstatt dass sie immer nur am Computer sitzen." Der Vorschlag erweist sich sofort als mehrheitsfähig.

Beispiel zum Thema „Literatur"

Im Anschluss überlegt jede Klasse erst einmal für sich, welche ersten Schritte getan werden müssen, dann findet die Koordination mithilfe der Klassenlehrer im ganzen Jahrgang statt. Als Abschluss der gemeinsamen Planung entsteht eine Karte, auf der – ähnlich wie bei einer Themenlandkarte – zu dem Kernbegriff Literatur die verschiedenen, von den Schülern entwickelten thematischen Schwerpunkte gruppiert sind (siehe Seite 113). Die Karte bildet den Leitfaden und den Hintergrund für die jetzt folgenden Phasen.

Während der Informationsphase beschaffen sich die Schüler in Gruppen möglichst viele Materialien aus vielen verschiedenen Kanälen: von der Schul- und Stadtbücherei, vom Stadtmuseum, weiteren städtischen Einrichtungen, von Experten, aus dem Internet usw. Die gewonnenen Informa-

Vom lehrgangsförmigen Unterricht zum Projekt

	Lehrgangsförmiger Unterricht	Vorhaben	Projektorientierter Unterricht	Projekt
Ziele	fachspezifisch klassenintern	fachspezifisches Thema mit fachübergreifenden Aspekten, klassenübergreifend	Einbindung mehrerer Fächer und Lehrer, klassenintern	fachübergreifend, klassenübergreifend oder jahrgangsübergreifend
Inhalte	Lehrer legt Inhalte fest (RRL, Schulcurriculum)	Lehrer legt Inhalte fest, Schüler wählen aus	Schüler und Lehrer vereinbaren die Inhalte	Schüler bestimmen die Inhalte
Methoden	Lehrer setzt methodische Wege	Lehrer bietet Methoden an, Schüler wählen aus	Lehrer empfiehlt methodisches Vorgehen	freie inhaltlich angemessene Methodenwahl
Sozialform	Frontalunterricht	Lehrer plant die Gruppenbildung	sinnvolle Gruppenbildung durch Lehrer und Schüler	freie Partner- und Gruppenwahl
Materialien	Material- und Medienvorgabe durch Lehrer	Lehrer stellt Materialien zur Verfügung, Schüler wählen aus	Schüler und Lehrer organisieren gemeinsam Materialien und Medien	Schüler planen und organisieren eigene Materialien und Medien
Rhythmisierung	Unterricht nach Stundentafel	Aufhebung des Stundenplans für z. B. einen Tag in der Woche	Aufhebung des Fachunterrichts der beteiligten Fächer	Aufhebung des Stundenplans für einen bestimmten Zeitraum
Schülerrolle	passiv, zuhörend	aktiv auswählend	aktiv, mitbestimmend, auswählend	aktiv, selbstbestimmend, selbstständig, planend
Lehrerrolle	dozierend	initiierend, strukturierend	moderierend, koordinierend	beratend, moderierend
Differenzierung	didaktische Differenzierung	Differenzierung nach Methoden und Inhalten	Differenzierung nach Lernvoraussetzungen und Organisation	Differenzierung nach Interessen und Neigungen der Schüler

Bücher

Es gibt so viele verschiedene Bücher …

- Sachbücher
- Bilderbücher
- Märchenbücher
- Comics
- Lesebücher
- Lexika
- Rätselbücher
- Krimis
- Wörterbücher
- Romane

Buchpräsentation

- Mein Lieblingsbuch
- Lieblingsszene im Lesesessel vorlesen
- Meine Leseschatztruhe
- Erzähllandschaften gestalten
- Buchbesprechung
- Leseempfehlungen
- Buchkritik

Bücher herstellen und gestalten

- Jahresbuch
- Klassenbuch
- Briefpapierbogen
- Drehscheibenbuch
- Origamibuch
- Ziehharmonikabuch
- Klappkalenderbuch

Lesebegleitbücher

- Nacherzählung schreiben
- Inhaltsangabe anfertigen
- Überschriften suchen
- Fortsetzungskapitel schreiben
- Dialoge schreiben
- Lesetagebücher
- Briefe an die Autorin / den Autor
- Charaktere beschreiben
- Figurennetze zeichnen

Buchprojekte

- Theater spielen
- Filme drehen
- Hörspiele aufnehmen
- Kreatives Umsetzen
- Fotocollagen
- Schaufenstergestaltung

Heinrich Heine (1821):
„[…] dort wo man Bücher verbrennt, verbrennt man auch am Ende Menschen."

Spiel und Spaß rund ums Buch

- Wissensquiz
- Memo-Spiel
- Tafelfußballspiel
- Bibliothekspfad
- Spielfiguren
- Inhaltspuzzle

Christian Morgenstern (1917):
„Über jedem guten Buche muß das Gesicht des Lesers von Zeit zu Zeit hell werden."

Johann Wolfgang von Goethe (1772):
„Der Forscher und Denker ist, der mit seiner Belesenheit den Leser unterrichtet und unterhalt."

Christian Morgenstern (1917):
„Alle Buchstaben, die je von Menschen geschrieben, zählen."

… und was wir sonst noch veranstalten können.

tionen werden gemeinsam zusammengestellt, aufgearbeitet und für alle verfügbar gemacht.

Die Lehrer fungieren teils als Experten, Berater und Moderatoren und teils als gleichberechtigte Partner in den Arbeitsgruppen. Dann werden konkrete Arbeitsaufträge geplant: Wer kann und will was im Verlauf des weiteren Projekts erarbeiten?

In der Präsentationsphase – d. h. auf der Jahrgangsversammlung – stellen alle Schülerinnen und Schüler den anderen Klassen des Jahrgangs die Ergebnisse ihrer Arbeit vor. Sie haben Experten eingeladen und sogar den Autor eines Buches motivieren können, aus seinem Werk vorzulesen und mit ihnen zu diskutieren.

Didaktischer Kommentar zur Differenzierung

Differenzierungsmöglichkeiten: Die Differenzierungsmöglichkeiten beim Projekt sind sehr vielfältig und unterscheiden sich von Phase zu Phase: Während der Initiativphase kann jeder Schüler seine persönlichen Neigungen und Interessen einbringen. Die selbstständige Informationsbeschaffung fordert die methodischen und sozialen Kompetenzen der Schüler, sowohl was die Arbeit innerhalb der Gruppen als auch was den Umgang mit Experten, Bibliothekaren usw. angeht.

In der Phase der konkreten Arbeitsplanung sind methodische und inhaltliche Schwerpunktsetzungen gefordert, deren Realisierung sich in der Produktionsphase bewähren muss („learning by doing“).

Handlungskompetenz, verstanden als die Fähigkeit, den eigenen Arbeitsprozess sukzessive zu begleiten, zu kontrollieren und gegebenenfalls zu revidieren, wird durch diese Vorgehensweise sowohl während der Produktions- als auch während der Verifikationsphase unmittelbar gefördert.

Die Selbst- und Entscheidungskompetenz wird gestärkt, zum Beispiel durch die Überlegungen, was auf welche Weise präsentiert werden soll.

Schülerrolle und Lehrerrolle: Der Lehrer moderiert und koordiniert die einzelnen Phasen des Projekts. Er achtet darauf, dass weder „blinder Aktionismus“ herrscht noch fachlich unangemessene Aktivitäten laufen, und er bestätigt oder variiert die Vorgehensweisen der Schüler, ermuntert und gibt bei Bedarf Hilfestellungen.

Der Lehrer sollte die Planung und Konzeption der Schüler hinterfragen, damit sie ihre Vorgehensweisen rechtfertigen und sich über sie bewusst werden. Der Lehrer schafft die Möglichkeiten innerhalb der Schule für die Präsentation und begleitet sie. Er ist für die Schüler einerseits „Experte auf Abruf“ und andererseits gleichberechtigter Partner.

Wie kaum ein anderes Instrument zur Differenzierung bietet das Arbeiten im Projekt ein breites Spektrum an weitestgehend selbstbestimmten Schülertätigkeiten:

- Schüler planen und verabreden mit ihrer Gruppe Interessens- und Themenschwerpunkte,
- sie setzen ihre Methodenkenntnisse bewusst ein und erweitern sie,
- sie lernen Teamfähigkeit,
- sie gewöhnen sich daran, dass einmal verabredete Vorgehensweisen eingehalten werden müssen,
- die Schüler entwickeln und trainieren selbstständiges Arbeiten.

Gerade Schüler unterer Jahrgänge, die das Arbeiten in Projekten noch nicht gewohnt sind, planen unrealistisch, nehmen sich zu viel vor, überschätzen die eigenen methodischen Kompetenzen usw. Wir empfehlen, mit Vorhaben und projektorientiertem Unterricht zu beginnen, um die Schüler an diese sehr offene kooperative Arbeitsform heranzuführen.

Das Verhältnis von Ergebnis und Aufwand können Schüler oft noch nicht richtig einschätzen, d.h., sie investieren unter Umständen sehr viel Aufwand und Zeit, um zu eher banalen Ergebnissen zu gelangen, die auf andere Weise sehr viel effektiver hätten erzielt werden können. Auch hier raten wir, mit kleinen Schritten zu beginnen, zum Beispiel nicht gleich für eine Woche die normale Stundentafel komplett aufzuheben, sondern Projektstunden in den normalen Plan zu integrieren.

4.2.2 Projektarbeit: Vorhaben

Ein **Vorhaben** hat im Vergleich nicht so viele selbstständig zu erarbeitende Phasen wie ein Projekt (vergleiche die tabellarische Übersicht auf Seite 112). Vorhaben sind aber eine gute Möglichkeit, die Schüler langsam über projektorientierten Unterricht zu Projekten hinzuführen.

Bei einem Vorhaben wird ein fachspezifisches Thema behandelt, das fächerübergreifende Aspekte aufweist. Dadurch kann eine Zusammenarbeit mit anderen Fachbereichen und den entsprechenden Kollegen entstehen. Vorhaben werden normalerweise klassenübergreifend innerhalb eines Jahrgangs durchgeführt, sie können aber auch klassenintern initiiert werden. Die Stundentafel wird nur kurzfristig oder gar nicht aufgehoben, sondern der Unterricht findet entweder an einem ganzen Schultag (oder auch an zwei oder drei Tagen) oder in den Stunden der beteiligten Fächer statt. Es entsteht also ein fließender Übergang zum projektorientierten Unterricht.

Der oder die Lehrer legen die fachspezifischen und die fachübergreifenden Inhalte fest, machen entsprechende Angebote für die Schüler zur Bearbeitung und legen die didaktisch angemessenen Methoden fest. Auch die Gruppenbildung innerhalb der Klasse findet nach Kriterien statt, die der Lehrer festlegt.

Die Schüler haben die Möglichkeit, sich aus einer Reihe von Angeboten diejenigen herauszusuchen, die ihnen besonders gut gefallen. Die Angebote sollten möglichst viele unterschiedliche Lerntypen ansprechen.

Voraussetzungen und Vorbereitung

„Small is beautiful": In den unteren Klassen der Sekundarstufe I können Schüler wie Lehrer sich mit kleinen, fachspezifischen Vorhaben an diese neue Arbeitsform gewöhnen und sie ohne großen Vorbereitungsaufwand seitens des Lehrers realisieren. Die Planung und Vorbereitung liegt allerdings alleine in seiner Hand. Er muss vor Beginn des Vorhabens eine Reihe von unterschiedlichen Angeboten mit entsprechenden Aufgabenstellungen vorbereiten und bereitstellen.

Sobald diese neue Arbeitsform eingeübt ist, empfehlen wir die Zusammenarbeit mit anderen Fachkollegen innerhalb des Jahrgangs, denn gerade die fachübergreifenden Aspekte bieten einen zusätzlichen Anreiz für die Schüler. Da Sie als Lehrer eine Reihe von Angeboten und Arbeitsvorschlägen für die Schüler vorbereiten müssen, entlastet es außerdem sehr, dies mit mehreren Kollegen und in mehreren Klassen gleichzeitig zu tun.

Durchführung

In einem 5. Jahrgang einer vierzügigen Schule soll ein erstes fachübergreifendes Vorhaben realisiert werden, denn die Schüler kennen sich erst seit einem halben Jahr und sind mit selbstständigen Arbeitsformen nur wenig vertraut. Unser Ziel ist es, sie in kleinen Gruppen kleinschrittige Arbeitsaufträge durchführen zu lassen, damit sie lernen, Absprachen zu treffen, Interessen zu formulieren und Verantwortung zu übernehmen.

Beispiel zum Thema „Symmetrien"

Die Fachkollegen der Fächer Mathematik, Biologie und Kunst haben ihr Interesse bekundet und wollen für einen Monat ihren Fachunterricht zugunsten des Vorhabens aufheben. Sie einigen sich auf das Thema „Symmetrien" und die Stoffgebiete „Blüten, Blätter und Meerestiere". In Mathematik stehen vier Unterrichtsstunden pro Woche zur Verfügung, in Biologie drei und in Kunst zwei, d.h., dass insgesamt in jeder Klasse neun Stunden pro Woche zum Thema gearbeitet wird. Dabei werden zum Beispiel in der Mathestunde nicht nur die mathematischen Aspekte dieses Themas bearbeitet, sondern es ist den Schülern überlassen, woran sie gerade arbeiten möchten.

Es gibt verschiedene Arbeitsblätter (siehe das Muster auf Seite 117 f.). Das

Ausmalen und die Konstruktion von Mandalas entsprechen den Bedürfnissen der Schüler nach einer schrittweise geregelten dekorativen Betätigung. Mandalas als Aufgabe für zwischendurch sind aber nur ein Teilaspekt der Arbeit mit diesen symmetrischen Gebilden. Sie stellen ein ansprechendes Raster für Farbübungen dar und dienen dem Umgang mit Zirkel, Lineal und Geodreieck (Winkelmesser). Das Gestalten eines Regelmaßes vom Mittelpunkt ausgehend ist selbst für Schüler der Oberstufe ansprechend. Das symmetrische Auszirkeln der Rosetten und ihre Farbgestaltung regen die Schüler zu weiteren eigenen Formfindungen an.

Am Ende des Monats werden die Ergebnisse und angefertigten Arbeiten der Schüler im Jahrgangsflur ausgestellt. Sinnvoll könnten die Arbeitsergebnisse auch in einen Elternabend eingebunden oder auf einem Klassenfest vorgestellt werden.

Didaktischer Kommentar zur Differenzierung

Differenzierungsmöglichkeiten: Die Differenzierung findet beim Vorhaben nach Methoden und Inhalten statt: Der oder die Lehrer überlegen, welche methodischen Vorgehensweisen sich für das entsprechende Thema anbieten und welche Methoden die Schüler unbedingt erlernen sollen. Falls die Schule ein internes methodisches Curriculum hat (vgl. REALSCHULE ENGER, 2001), ist dies als Orientierungshilfe für die methodische Planung sehr hilfreich. Durch unterschiedliche Methodenvorgaben entstehen so arbeitsfähige Schülergruppen.

Die Inhalte der einzelnen Angebote sind sehr unterschiedlich und beziehen sich auf verschiedene fachliche Schwerpunkte, so können sich die Schüler je nach Fachinhalt die entsprechenden Möglichkeiten auswählen. Auch dadurch entstehen arbeitsfähige Gruppen. Die Gruppen sind meistens hoch motiviert, da sie sich bewusst für ein Thema entschieden haben.

Blüten, Blätter und Meerestiere

Wähle bitte eine der fünf Aufgaben aus, die du bearbeiten möchtest.

1. **Meerestiere im Watt**
   Lies den Text „Tiere im Wattboden" auf Seite 151 im Buch.
   Zeichne einen Wattquerschnitt wie in Abbildung 3.
   Suche fünf Watt-Tiere aus, die du in den Wattquerschnitt einzeichnest.
2. **Meerestiere im Nahrungsnetz**
   Das pflanzliche Plankton des Meeres wird vom tierischen Plankton gefressen. Das tierische Plankton fressen Kleintiere. Kleintiere dienen größeren Tieren als Nahrung. Aber auch diese haben Fressfeinde.

Lebewesen, die fressen und gefressen werden, gehören zu einer Nahrungskette. Sieh dir das Schaubild auf Seite 133 im Buch genau an und schreibe zehn Beispiele für eine Nahrungskette auf.

3. **Meerestiere zeichnen**
   Was verbindet die Nautilusmuschel, die Spirale und die Zahlenfolge 1, 2, 3, 4, 5, 6, 7? Zeichne auf den beiden Dreiecksgittern nach dieser Regel jeweils eine Spirale auf. Erfinde weitere Spiralen.
4. **Meerestiere bauen**
   a) Aus einem DIN-A4-Blatt kann man durch wiederholtes zeichnerisches Teilen ein ähnliches Muster erzeugen. Sieh dir die Abbildungen genau an und verfahre ebenso.
   b) Schneide die Teile aus und klebe sie zu einer Papierschnecke zusammen.
   c) Zeichne eine echte Schnecke hinein, indem du die Ecken miteinander verbindest.
5. **Geschichte mit Meerestieren**
   Sieh dir auf dem Schaubild auf Seite 150/151 die Wellhornschnecke und die Sandgarnele genau an. Lass dir einen Moment Zeit zum Überlegen – schreibe dann eine Meerestier-Geschichte.

Schülerrolle und Lehrerrolle: Die Schüler verlagern ihre Rolle vom passiven Zuhörer zum aktiv Auswählenden, d. h., sie haben die Möglichkeit, ihre Interessen zumindest im Rahmen der Angebote einzubringen. Das individuelle Arbeitstempo spielt beim Vorhaben keine so große Rolle, denn es bleibt jedem Schüler überlassen, wie viele Angebote er bearbeitet. Hier taucht sofort die Frage auf: Arbeiten denn wirklich alle Schüler? Wichtigste Voraussetzung bei allen Formen freieren und selbstständigen Arbeitens ist, dass die Grundregel gilt: Es besteht nicht die Freiheit, nicht zu arbeiten. Hier ist die Rolle des Lehrers ganz entscheidend. Er übernimmt die Berater- und Moderatorrolle, er hilft den Schülern bei der Angebotsauswahl, er berät sie, er ermuntert sie, auch mal ein etwas umfangreicheres Thema zu bearbeiten, er koordiniert innerhalb der Gruppe (Gruppenregeln aufstellen, Gruppenordnung festlegen usw.).

Der Lehrer führt alle Gruppen und ihre Arbeiten einmal in der Woche zusammen und bespricht Probleme und Schwierigkeiten während des Vorhabens. Je nach Interesse und Engagement der Kollegen werden die Angebote für ein Vorhaben so umfangreich, dass gar nicht alle bearbeitet werden können. Sinnvoll erscheint uns eine begrenzte und dem Alter der Schüler angemessene Anzahl zu sein.

Wenn Vorhaben nicht im Curriculum einer Schule fest verankert sind, werden sie häufig nur von einigen wenigen – und das sind meistens dieselben – initiiert, nämlich von denjenigen, die mit der Zusammenarbeit schon positive Erfahrungen gemacht haben. Wir möchten alle dazu ermuntern, diese gemeinsame Arbeit als Chance zu nutzen. Die Angebote bereiten zwar viel Arbeit im Vorfeld (jeder macht aber nur einen Teil), doch in den Unterrichtsstunden hat der Lehrer dann sehr viele Möglichkeiten, Schüler innerhalb der Gruppen zu fördern, Teamfähigkeit und den sozialen Umgang miteinander zu pflegen.

4.2.3 Theaterarbeit: Darstellendes Spiel

Im Darstellenden Spiel als Lernform geht es um die Analyse sozialer Prozesse, um gelebte und ungelebte, lustvolle, traurige oder auch aggressive Träume, Wünsche, Gefühle und Verhaltensweisen.

Der Schule, die ja partiell in Distanz zur Gesellschaft steht, bietet sich hier jener Raum, den wir pädagogisch als Schulkultur, als eine Art der „dritten Realität" bezeichnen können:

- Spielen bedeutet Perspektivenwechsel und Umstrukturierung des Vertrauten.
- Es dient der Kommunikation und der Herstellung von sozialer Nähe.
- Es fördert die Kreativität und die Fantasie.
- Es ist nicht die Gegenwelt zum Lernen, sondern eine ihrer Erscheinungsformen.
- Lernen findet oft in Szenen statt, in die Lehrer wie Schüler gleichermaßen eingebunden sind.

Voraussetzungen und Vorbereitung

Die Überschreitung der Kindheitsgrenzen durch die Möglichkeit einer spielerischen Auseinandersetzung mit der Wirklichkeit, das Aufzeigen von Neuem und seine Verknüpfung mit Bekanntem setzt Lernprozesse in Gang, die sich auf rein sprachlicher oder schriftlicher Ebene nur sehr schwer ausdrücken, beschreiben oder darstellen lassen. Voraussetzung dazu sollte die Überlegung sein, dass das Darstellende Spiel eine sehr gute Möglichkeit bietet, um altersgemäß individuelle Handlungen oder Verhalten zu verstehen und zu verarbeiten:

- altersgemäße Problematisierung von Verhalten, Handlungen, Anlässen,
- Angabe eines Zeitraumes, in dem ein szenisches Spiel erstellt werden soll,
- klare Benennung von Verantwortlichkeit zur Organisation und Durchführung,
- Bereitstellung von Requisiten,
- Möglichkeiten der Selbst- und Fremdkontrolle (Beratung durch den Lehrer, Sozialpädagogen, Eltern),
- Niederlegung von erarbeiteten Texten, sodass auch eine andere Gruppe die erarbeitete Szene spielen kann,

- Schaffung einer Theateratmosphäre bei der Darbietung (Bühne, Podest),
- abschließende Diskussion zwischen Darstellern und Zuschauern (Lehrer als Moderator),
- Würdigung des erarbeiteten szenischen Spiels als Schülerleistung.

Das Darstellende Spiel aktiviert die körperlichen und sprachlichen Ausdrucks- und Verhaltensweisen und bezieht sie somit als Inhalte und Potenziale bei der Problemlösung mit ein. Lernprozesse, die nicht nur eine kognitive Auseinandersetzung mit Inhalten zum Ziel haben, können so das unbewusste und vorbewusste Wahrnehmungs-, Denk- und Verhaltensmuster bei Spielern und Zuschauern mit aufzeigen und diese reflektieren, sodass auch die Aneignungssituation und eingebrachte Haltungen deutlich werden.

Durchführung

Verschiedene Ebenen für Darstellendes Spiel

Die Arbeit in der Schule mit dem Darstellenden Spiel ergibt sich auf verschiedenen Ebenen:

1. Nachahmung

Über Nachahmung eignen sich Kinder traditionelle Verhaltensmuster an, sie spielen Rollen wie Vater oder Mutter, Ärztin oder Patient, Polizist oder Verbrecher und verarbeiten so die täglich erlebten Auseinandersetzungen mit der Welt der Erwachsenen. Dabei sind es nicht die bestimmten Personen, die so nachgespielt werden, sondern diese geben aufgrund ihrer gesellschaftlichen Position Anlass, um kultur-, geschlechts- und schichtenspezifische Verhaltensweisen zu erproben und zu übernehmen.

2. Erlebtes verstehen und verarbeiten

Die Intensität von Erlebtem ist der Sprache und dem Denken nur zum Teil zugänglich. Wünsche, Empfindungen, Gefühle, körperliche und sprachliche Haltungen sind aber entscheidend für die Verarbeitung von Erlebnissen. Dabei ist uns nur ein Teil wirklich bewusst, denn Wahrnehmungs-, Denk-, Verhaltens- und Erziehungsmuster, die unser alltägliches Leben bestimmen, werden zwar gespeichert, laufen aber meist unbewusst ab.

3. Körpersozialisation

Schon beim Kleinkind wird von Eigenarten wie Geschlecht, Gewicht und von Verhaltensweisen wie Schreien oder Lächeln auf individuelle Stimmung und Absicht geschlossen. Familie, Schule und das soziale Umfeld formen die körperlichen Ausdrucksweisen weiter aus und richten sie auf ein kulturell und sozial vorgegebenes Muster aus. Dabei werden die soziale Welt und ihre gesellschaftliche Ordnung mit einbezogen, die vererbten körperlichen Eigenarten und Fähigkeiten entsprechend den geltenden sozialen Regeln und Verhaltensmustern ausgerichtet.

4. Fremdbestimmung
Da sich Lebenszusammenhänge und gesellschaftliche Strukturen des familiären Lebens immer mehr auflösen, entsteht Freiraum für Medien und Konsum. Diese schaffen ein Netzwerk von Mustern (Vorurteile, Ratschläge, Moden, gesellschaftlich erstrebenswerte Verhaltensweisen). Gleichzeitig aber werden so auch Störungen provoziert, denn was ist, wenn der Einzelne den Anforderungen nicht nachkommen kann? Diese Störungen werden zum Problem der Gesellschaft, siehe zum Beispiel Gewaltbereitschaft (Taschengelderpressung). Kinder spielen nicht mehr nur Gewalt, sondern sie üben sie auch aus. Damit entsteht eine Bedrohung der sozialen Ordnung und der öffentlichen Institutionen (Schule).

5. Verstehen von Verhalten
Solche Lernprozesse sind äußerst schwierig, denn Verhaltensmuster sind nur zum Teil bewusst. Die Erklärungen von Erlebnissen bleiben somit immer nur Konstruktionen, um Erklärbares in vorgegebene Sinnstrukturen einordnen zu können. Getrieben von Unruhe über auftretende Störungen entwickeln wir Theorien und Sehweisen, um zu einem scheinbaren Verstehen zu kommen. Indem wir uns über wünschenswerte Eigenschaften definieren und unangenehme, ängstigende anderen zuschreiben, klappt das am besten (vgl. MÜLLER/SCHELLER 1993)

Didaktischer Kommentar zur Differenzierung

Differenzierungsmöglichkeiten: Die Arbeit im Darstellenden Spiel gibt die Möglichkeit, innere Differenzierung um eine Facette zu erweitern: das Zusammenbringen von Sprache, Mimik, Gestik und Bewegung. Der Spaß am Darstellen und Agieren wird verbunden mit der Einsicht, dass das Lesen oder Schreiben eines Textes nicht die einzige Möglichkeit des Umgangs mit ihm ist. Sie haben so auch eine handelnde und Handlung ermöglichende Dimension.

Im muttersprachlichen und fremdsprachlichen Unterricht kommt hinzu, dass die Schüler die Rollen entsprechend ihres Sprachvermögens ausgestalten können. Übertragung von Verantwortung für die Planung, Erprobung und Vorführung eines szenischen Spiels kann zu eigenständiger Partner- oder Gruppenarbeit führen.

Schülerrolle und Lehrerrolle: Die Arbeit mit dem Darstellenden Spiel bietet viele Möglichkeiten der Differenzierung. Der Lehrer kann in Kooperation mit dem Schüler entscheiden, welche Form der Differenzierung für ihn sinnvoll ist und welche Methoden-, Selbst- und Sozialkompetenzen gefördert werden sollen. Die Lösung gestellter Aufgaben mittels Darstellung ist nicht nur eine wohltuende Abwechslung im Unterricht, sondern gibt zum Beispiel auch Schülern mit Lese- und Rechtschreibschwäche die Möglichkeit, sich entsprechend zu äußern.

Wichtig ist ein geeigneter Übungsraum, damit das Inszenieren andere nicht stört und umgekehrt.

Es gibt eine große Bandbreite von Verfahren zum Darstellenden Spiel: Wahrnehmungsübungen, Vorstellungsübungen, Bewegungsübungen, Standbilder, Sprechübungen, Rollenspiele, Rollengespräche, Planspiele, szenische Interpretationen, szenische Demonstrationen.

4.2.4 Theaterarbeit: Aufführung

Aufführungen und **Darbietungen**, die öffentlich in der Schule stattfinden, werden von Theater-, Musik- oder anderen Arbeitsgruppen mit gleichen Interessen vorgeführt. Nicht der Fachunterricht ist hier die Grundlage für die inhaltliche Gestaltung, sondern die gemeinsamen Ideen der Gruppenmitglieder.

Wir möchten Aufführungen bewusst von den klasseninternen oder auch jahrgangsspezifischen Präsentationen trennen, da nicht nur alle Schüler und Lehrer einer Schule daran teilnehmen können, sondern auch alle Eltern, Freunde und Bekannte, die sich für diese Darbietung interessieren.

Voraussetzungen und Vorbereitung

Die Voraussetzungen und die Vorbereitung für Aufführungen sind mit erheblichem Arbeitsaufwand und mit viel Zeit verbunden. Als wichtigster Aspekt sei hier die Ruhe und Ausgeglichenheit des Lehrers genannt, da er immer wieder ausgleichend auf die Schüler einwirken muss, Streitereien innerhalb der Gruppen zu schlichten hat und so manch einen auch trösten muss – sicher mehr als im täglichen Unterrichtsgeschehen. Das Beispiel des nachfolgenden Theaterstücks verdeutlicht die notwendigen Vorbereitungen bis zur Aufführung.

Durchführung

Beispiel: modernes Märchen

Die Mitglieder der Theater-AG „Salto Mortale" saßen zusammen und entschieden sich dafür, selber ein Theaterstück zu schreiben, einzustudieren und es auch aufzuführen. Ein modernes Märchen sollte es sein, eine Geschichte über eine „moderne Prinzessin", der es an nichts mangelt, bis auf ein paar Kleinigkeiten wie Elternliebe, Freundschaft und Geborgenheit – und keine Rettung in allerletzter Not! Damit war „Prinzessin Schmidt" geboren. Nach einem halben Jahr harter Arbeit und kurz vor der Vorstellung im Staatstheater Oldenburg kam die Krise: „Wir blamieren uns … Ich geh' nicht auf die Bühne … Das schaffen wir nie!"

Der Leiter der Theater-AG setzte sich mit einzelnen Gruppen zusammen und besprach ihre Ängste und Sorgen, aber auch ihre Hoffnungen. Er versuchte ihnen deutlich zu machen, dass sie es gemeinsam schaffen könnten, und überzeugte sie, dass die Vorstellung kein Flopp werden würde.

Die Präsentation des Stückes „Prinzessin Schmidt" der Theater-AG wurde ein voller Erfolg – und das lag nicht zuletzt an der intensiven Arbeit in den einzelnen Gruppen.

Hier ein skizzierter Ablauf unserer Tätigkeiten:

- Ideenfindung (gemeinsam): Problemstellung, Ablauf der Geschichte, Erfinden von Figuren, Arbeitstitel,
- Überprüfung auf Machbarkeit (Gruppenarbeit, Lehrer): finanzieller und zeitlicher Aufwand, technische und räumliche Voraussetzungen, Termine,
- Entwicklung einer Geschichte (gemeinsam): roter Faden, einzelne Stationen oder Abschnitte, Umfang,
- Rollenbiografien schreiben (Gruppen- oder Einzelarbeit),
- Ausspielen der Figuren (jeder hat die Chance): Sprache, Bewegungen, Gestik, Mimik, Größe, Geschlecht, Kostüme, Requisiten,
- Besetzung der Rollen (gemeinsam entscheiden): Darsteller, Techniker, Requisitenbau, Maskenbildner,
- Einzelszenen zusammenfügen (gemeinsam),
- Dialoge schreiben (Einzel- oder Gruppenarbeit),
- Kostüme für die einzelnen Figuren entwerfen (Gruppenarbeit),
- Beleuchtungsplan erstellen (Gruppenarbeit),
- Ablaufplan festlegen (gemeinsam),
- Aufführungstermine festlegen (gemeinsam).

Didaktischer Kommentar zur Differenzierung

Differenzierungsmöglichkeiten: Bei einer Theaterproduktion ergeben sich viele unterschiedliche Bereiche, in denen Schüler (meist in Gruppen) je nach Interessen, Freundesgruppen, Geschlecht, Rollenverständnis und Selbstbewusstsein mitarbeiten können:

Aufbau/Abbau/Ausstattung
Bau der Kulissen / Beleuchtung
Casting/Chor/Conference/Catering
Darsteller/Double/Doppelbesetzung
Entertainer/Einkauf/Elektrik/Erstbesetzung
Finanzierung/Foyer/Firlefanz
Garderobe/Gastronomie/Gewandmeister
Hauptdarsteller/Held/Helfer
Intendant/Intrigen
Justiziar / jugendlicher Liebhaber
Kassenwart/Kostümbildner/Kasper
Lichttechnik/Liebelei/Luxus
Maske/Musik/Management
Neubesetzung/Nerverei
Oberbeleuchter/Orchester
Platzanweiser/Plakatmaler/Pausenclown
Quatschkopf (fliegt raus!)
Regisseur/Reklame/Requisite
Souffleur / Sänger / Special Effects
Tontechnik/Teufel/Textsicherheit
Umbau/Umgangsformen/Unsicherheiten
Vorhang/Vertrauen/Vertrag
Werbung/Wortwahl/Wiederholung
Xanthippe/Xylophon
Yogatrainer
Zweitbesetzung/Zufall/ Zusammenarbeit

Schülerrolle und Lehrerrolle: Die Schüler haben die Möglichkeit, ihre eigenen Vorstellungen über bestimmte Rollenklischees und -erwartungen umzusetzen. Der Lehrer bestärkt sie darin, äußert aber auch Kritik im Sinne von Korrektur. Dadurch werden die Schüler ermuntert, ihre Handlungsweisen zu rechtfertigen.

Die Zusammenarbeit zwischen den Schülern und dem Lehrer funktioniert nur, wenn zwischen beiden ein Vertrauensverhältnis besteht. Der Schüler darf nie Angst davor haben, dass er sich lächerlich macht. Diese Verantwortung trägt der Lehrer für seine Schüler. Der Lehrer trainiert Gestik, Mimik, Körperhaltung und den sprachlichen Ausdruck.

Aufführungen bieten insbesondere den engagierten Schülern ein breites Publikum und die Möglichkeit der Selbstdarstellung. Für weniger selbstbewusste Schüler bieten sie den kleinen Schritt ins Rampenlicht: Nebenrolle, Auftritt im Chor usw. Schüler, die sich mit dem schauspielerischen Bereich gar nicht anfreunden können, finden eine breite Palette von anderen Tätigkeiten, ohne die eine Aufführung nicht stattfinden kann.

Eine Aufführung soll immer den Schülern die Möglichkeit bieten, sich zu profilieren und darzustellen – nicht dem Lehrer.

4.2.5 Zukunftswerkstatt

Wie schon im Abschnitt über den kooperativen Unterricht beschrieben, stellt die **Zukunftswerkstatt** keine Unterrichtsmethode im engeren Sinne dar, sondern ein recht straffes, ganzheitliches Konzept, das in der Realisierung keine größeren Varianten zulässt. Die verschiedenen, streng getrennten Phasen legen die Arbeitsformen weitgehend fest. Die Trennung zwischen „Variation der Grundform des kooperativen Unterrichts" und „Instrument" ist daher sachlogisch unmöglich, sodass auch in diesem Kapitel der Begriff „Zukunftswerkstatt" unverändert wieder auftaucht.

Wir verzichten aber an dieser Stelle auf detaillierte Hinweise zur Vorbereitung und Durchführung einer Zukunftswerkstatt, um uns nicht zu wiederholen, und beschränken uns auf die Darstellung eines Beispiels und den didaktischen Kommentar zur Differenzierung.

> Als die Stadtverwaltung unserer Stadt versucht, die Bürger vor vollendete Tatsachen zu stellen, und den Bau eines Funkturmes für den Mobilfunk inmitten der Stadt ankündigt, sind die Schüler unserer Klasse empört.
> Sie wenden sich an das Büro der lokalen Agenda-21-Gruppe und nehmen deren Motto „Einmischung erwünscht" ernst. In Kooperation mit der Agenda-21-Gruppe plant unsere Klasse die Durchführung einer Zukunftswerkstatt zum Thema „Mobile Telefonitis".

1. Kritikphase

Nach der Vorbereitung bezüglich Arbeitsmaterialien, Zeit, Raum und Organisation wird in der Kritikphase in Anwesenheit von drei Vertretern der lokalen Agenda-21-Gruppe alles kritisiert, was die Schüler an der Entwicklung des mobilen Telefonierens stört. Am Ende dieser Phase werden die Kritikpunkte systematisiert.

2. Fantasiephase

Die notwendige sachliche Korrektur erfolgt in der Fantasiephase: Die Schüler assoziieren im freien Brainstorming zunächst einmal all das, was ihnen am mobilen Telefonieren gefällt, was sie gut finden und was sie nicht missen möchten. Auch irreale und technisch nicht realisierbare Utopien und Fantasien sind ausdrücklich erlaubt. Am Ende dieser zweiten Phase ist ein bunter Strauß von zum Teil sehr realen, zum Teil sehr ausufernden Fantasien entstanden und fixiert worden.

3. Verwirklichungsphase

In der Verwirklichungsphase werden die technisch unrealisierbaren Fantasien (grenzenloses Telefonieren mit eingeplanten Mikrochips ohne einen Funkmast und ohne jede gesundheitliche Beeinträchtigung) von den machbaren und wünschenswerten Utopien getrennt. Rasch kristallisiert sich eine gemeinsame Lösung heraus (der Funkmast ist zwar notwendig, muss aber nicht mitten in der Stadt stehen) und unter der fachkundigen Hilfe der Agenda-21-Mitglieder wird ein alternativer Standort für den Mast gefunden.

Dieser Vorschlag schließlich wird von einer Gruppe der Schüler zusammen mit einem Fachmann der Agenda 21 der Stadtverwaltung während einer öffentlichen Anhörung (auch andere Bürgergruppen hatten energisch protestiert) unterbreitet.

Didaktischer Kommentar zur Differenzierung

Differenzierungsmöglichkeiten: Da die Zukunftswerkstatt von einem erfahrungsorientierten Ansatz ausgeht, bilden die unterschiedlichen Voraussetzungen der Schüler, ihre Voreinstellungen und Vorurteile genauso einen integrativen Bestandteil wie ihre Artikulationsfähigkeit, ihre Interessen und Fähigkeiten.

Der komplexe Ansatz der Zukunftswerkstatt, einen nicht-autoritären Entscheidungsprozess zu generieren, lässt Differenzierungsmöglichkeiten aber noch auf anderen Ebenen zu:

- Die Verknüpfung beider Gehirnhälften (rational-logisches Denken mit intuitiv-emotionalem) fördert die Verbindung von Spontaneität und Planung auf individuelle und spezifische Weise.
- Die Offenheit des Prozesses, der dennoch zu einem befriedigenden Ende gebracht werden muss, lässt allen Teilnehmern an der Zukunftswerkstatt breiten Raum zur inhaltlichen Bestimmung, Präzisierung und Aufarbeitung des Themas.

- Da die Zukunftswerkstatt eben kein bloßes Brainstorming darstellt, sondern einen sozialen Problemlöseprozess zumindest in Gang bringen soll, können die beteiligten Schüler auch ihre unterschiedlich ausdifferenzierten sozialen, kooperativen und problemlösenden Kompetenzen einbringen.

Schülerrolle und Lehrerrolle: Die Zukunftswerkstatt ermöglicht einen sehr hohen Grad von selbstbestimmter Eigentätigkeit der Schüler. Sie werden in den meisten Fällen das Thema gemeinsam bestimmen und sowohl in der Kritik- als auch in der Fantasiephase weitestgehend unabhängig vom Lehrer agieren. Erst in der Verwirklichungs- und gegebenenfalls der Nachbereitungsphase wird der Lehrer als Ansprechpartner wieder stärker beteiligt werden, ohne allerdings in den Mittelpunkt zu geraten.

Der Lehrer übernimmt die Rolle des Moderators. Er bereitet die Räumlichkeiten vor, stellt Arbeitsmaterialien zur Verfügung und plant die zeitlichen Rahmenbedingungen innerhalb des Schulalltags. Während der einzelnen Phasen übernimmt er die Rolle des Zuhörers, des Vermittlers, des Organisators und des Zuschauers.

Der Anspruch der Zukunftswerkstatt, wirklich etwas verändern, spezielle Probleme lösen zu wollen, macht dieses ganzheitliche Konzept anfällig gegen anfängliche Überschätzungen, die dann schnell – wenn der erhoffte Erfolg ausbleibt – in Enttäuschung und Frustration umschlagen können.

Wir empfehlen deshalb, vor Beginn zusammen mit den Schülern eine realistische Vorabschätzung bezüglich der möglichen Erfolgsaussichten der avisierten Zukunftswerkstatt vorzunehmen, um diesen negativen Bumerang-Effekt möglichst zu vermeiden.

4.3 Instrumente der Differenzierung im gemeinsamen Unterricht

4.3.1 Präsentation: Frontalmedien

Medien sind nicht substanzieller Kern, sondern Hilfsmittel zum Unterrichten – daher werden wir in diesem Kapitel von der üblichen Gliederung abweichen.

Zu den **Frontalmedien** zählen wir Tafel, Flipchart, PC und Beamer, Whiteboards, Interaktivboards, Land- und andere Schautafeln. Mit den meisten dieser Frontalmedien bieten sich vielfältige Möglichkeiten – insbesondere im gemeinsamen Unterricht –, durch optische, akustische und strukturierende Darstellungen das Unterrichtsgeschehen zu differenzieren und den verschiedenen Lerntypen anzupassen.

Tafel, Whiteboard

Das am häufigsten genutzte Frontalmedium ist die Tafel. Je nach Einsatz kann die Arbeit an und mit der Tafel verschiedene Funktionen haben. Sie kann:

- das gesprochene Wort optisch unterstützen,
- zum Festhalten von Schüleräußerungen genutzt werden,
- den Stundenverlauf protokollieren,
- für Zeichnungen und Statistiken genutzt werden,
- Sach-, Sinn- und Problemzusammenhänge verdeutlichen,
- durch die einheitliche Konzentration nach vorne disziplinarische Funktion übernehmen,
- zum Beispiel wichtige Rahmenbedingungen oder Regeln festhalten, Informationen über den Ablauf der Stunde geben usw.

Der Tafelanschrieb unterstützt auf diese Weise die Strukturierung und Bewältigung des Lernstoffs auch und gerade in Bezug auf die schwächeren Schüler, die diese Hilfe mehr benötigen. Das Tafelbild kann aber durchaus auch das unterschiedliche Niveau der einzelnen Leistungsgruppen einer Klasse optisch gegliedert wiedergeben, indem die Tafel zum Beispiel unterteilt wird, um unterschiedliche Schwierigkeitsgrade bei der Bearbeitung eines Themas anzuschreiben, um einzelne Schüler individuell anzusprechen, um verschiedene Arbeitsanweisungen zu geben oder um die Arbeitsergebnisse unterschiedlicher Gruppen darzustellen.

Da das Tafelbild meist sukzessive und unter Einbeziehung der Schüler während einer Unterrichtsstunde entsteht, hat es im Vergleich zum fertigen Arbeitsblatt den Vorteil, dass sich die Schüler mit ihren individuellen Kompetenzen in die Gestaltung einbringen können.

Das Whiteboard verdrängt die Tafel in den Schulen immer mehr. Es wird wie die Tafel genutzt.

Beamer

Der Beamereinsatz (in Verbindung mit dem PC) ist mittlerweile zum Standard in vielen Schulen geworden. Dagegen gehört der Einsatz von Videogeräten, Diaprojektoren und Filmen nur noch selten zum Schulalltag. Mithilfe des PCs und des Beamers können DVDs und CDs abgespielt sowie Grafiken und Bilder gezeigt werden. Hier bieten sich vielfältige Differenzierungs- und Veranschaulichungsmöglichkeiten, die den alltäglichen Unterricht optimal unterstützen können.

Interaktivboards

Die neue Generation der Touch- oder Interaktivboards erweitert die Darstellungsmöglichkeiten erheblich. Jede Grafik lässt sich in ihrer Gestaltung, jede Bilderserie in der Reihenfolge so verändern, dass es für alle sichtbar ist. Die Schüler können an ihrem Gerät eigene Veränderungen vornehmen und der Standort des PCs spielt keine Rolle.

Eine Gefahr sehen wir allerdings: Eine rein technische Spielerei soll der Einsatz des Interaktivboards nicht sein. Die Boards können den Unterricht sinnvoll unterstützen, aber auch dabei muss man sich an den Merkmalen für guten Unterricht orientieren.

Land- und Schautafeln, Zeitleisten

In fast allen Fächern lässt sich beobachten, dass die akustische Bekanntgabe von thematischen Daten und Fakten nicht ausreichend ist, um sich diese zu merken. Wir unterstützen daher die gesprochenen Worte durch optisch-strukturierende Merk- und Orientierungshilfen: zum Beispiel im Geschichtsunterricht durch eine Zeitleiste, die die Möglichkeit bietet, die geschichtlichen Ereignisse in den zeitlichen Ablauf einzuordnen, oder im Fremdsprachenunterricht durch situativ darstellende Tafeln.

Insbesondere für die Schüler, die über visuelle Eindrücke mehr aufnehmen als über die Sprache, ist das eine große Hilfe. Weil wir davon ausgehen, dass es wichtig und sinnvoll ist, möglichst viele unterschiedliche Ebenen zur Festigung des individuellen Wissens anzubieten und anzusprechen, haben bildhafte Darstellungen für uns in Bezug auf die innere Differenzierung einen so hohen Stellenwert.

4.3.2 Präsentation: Vortrag

Die Instrumente **Vortrag** und **Referat** in einem Buch über innere Unterrichtsdifferenzierung zu finden, mag Befremden auslösen, denn was kann undifferenzierter sein als ein für die gesamte Lerngruppe gleicher Vortrag, den alle zur gleichen Zeit anhören müssen? Wir möchten in diesem Abschnitt zeigen, dass der Vortragende durch zusätzliche Stimulantien und Hilfsmittel die einzelnen Schüler gezielt ansprechen kann.

Zunächst aber gilt allgemein, dass der Vortrag in der Unterrichtspraxis eher unbeliebt ist. Wir vermuten, dass dies vor allem daran liegt, dass viele Lehrer fließende Übergänge vom Vortrag zum gelenkten Unterrichtsgespräch praktizieren. Wir halten dies für ungeschickt, denn die Schüler müssen während des Vortragens immer damit rechnen, aufgerufen zu werden, ihre Rolle als Zuhörer ist daher potenziell gefährdet und dies verhindert das intensive Zuhören.

Zudem ist dieser Übergang zu anderen Unterrichtsformen kein Instrument zur Differenzierung, sondern lediglich ein Mittel, die Aufmerksamkeit zu sichern und zugleich zu kontrollieren, ob der Inhalt auch tatsächlich angekommen ist.

Wir gehen an dieser Stelle nicht auf die Notwendigkeit ein, jeden Vortrag oder jedes Referat durch möglichst gut gestaltete optische oder akustische Medien zu unterstützen, da diese im Kapitel „Frontalmedien“ ausführlich behandelt worden sind.

Voraussetzungen und Vorbereitung

Der Vortrag sollte lebendig und – falls dies vom Thema her nicht ausgeschlossen ist – humorvoll vorgetragen werden. Lebendigkeit wird erleichtert, wenn Sie den Vortrag frei oder nur mithilfe eines Spickzettels halten. Entsprechende häusliche Übungen sind also nötig. Auch der regelmäßige Blickkontakt und eine lebhafte Gestik und Mimik machen den Vortrag interessant.

Bei der Vorbereitung des Vortrags kann der Lehrer durch die Einplanung gezielter didaktischer Hilfsmittel die Schüler auf folgenden vier Ebenen differenziert ansprechen: Lernstil, Lerntempo, Lernbereitschaft und Lerninteresse.

Hilfsmittel für einen gelungenen Vortrag

Didaktische Hilfsmittel, die gezielt an einzelne Schüler verteilt werden, können sein:

- Bilder, Zeichnungen oder Grafiken (in unteren Klassen auch Gegenstände), die Kernpunkte des Vortrags visuell unterstützen,

Kompetenzraster Präsentation (zur Selbsteinschätzung – Fremdeinschätzung – Lehrereinschätzung – Gesamtauswertung)

	Kriterium	A	B	C	D
Aufbau	**Einstieg**	kein Einstieg	führt in das Thema ein	erregt Aufmerksamkeit	spannend und Neugier erzeugend
	Übergänge	keine Übergänge vorhanden	manchmal Übergange vorhanden	meist spannende Übergänge mit guten Ideen	verständliche spannende Übergänge, roter Faden vorhanden
	Schluss	kein Schluss feststellbar	kein passender Schluss	Schluss mit Bezug zum Einstieg	Zusammenfassung des Gesagten mit eigener Meinung
Inhalt	**Richtigkeit**	einige inhaltliche Fehler	wenige inhaltliche Fehler	kein inhaltlicher Fehler	alle Informationen korrekt und vielfältig erklärt
	Dokumentation	keine Quellen angegeben	eine Quelle angegeben	zwei Quellen angegebent	mehrere Quellen angegeben
	Zitate	keine Zitate	ein Zitat als Unterstützung	zwei Zitate, um die Inhalte zu unterstützen	mehrere Zitate zur Unterstützung des Vortrags
	Umsetzung des Themas	keine Umsetzung des Themas	geringe Umsetzung des Themas	Bezüge zum Thema vorhanden, aber nicht passgenau	klarer und angemessener Bezug zum Thema
	Einbindung der Zuhörer	gar keine Einbindung, kein Bezug zum Publikum	geringe Einbindung der Zuhörer, kaum Bezug zum Publikum	meist Einbindung der Zuhörer, meist guter Bezug zum Publikum	Einbindung der Zuhörer, guter Bezug zum Publikum
Vortrag	**Augenkontakt**	der Vortrag wird abgelesen	gelegentlicher Augenkontakt	ständiger Augenkontakt zu einigen Zuhörern	ständiger Augenkontakt zu allen Zuhörern
	(Fach-)sprache	keine Fachsprache, unvollständige und unverständliche Sprache	wenig Fachsprache, teilweise verständliche Sprache	meist korrekte Fachsprache mit Erklärung, verständliche Sprache	stets korrekte Fachsprache mit Erklärung, verständliche Sprache mit Hervorhebung wichtiger Aspekte
	Stimme	sehr leise	undeutlich	von fast allen zu hören	laut und deutlich zu hören
	Sprechweise	monoton	geringe Modulation	sinnvolle Modulation	spannend und anregend
	Stil	keine Gesten vorhanden, Text wird abgelesen	wenige Gesten, Text wird überwiegend abgelesen	angemessene Gesten, überwiegend freier Vortrag	häufige angemessene Gesten, freier Vortrag
Visualisierung	**Bilder und Grafiken**	keine Visualisierungen vorhanden	nur wenige unpassende Bilder und Grafiken, uninteressant	einige Bilder und Grafiken, angemessen eingesetzt	Bilder und Grafiken kreativ zur Unterstützung des Vortrags eingesetzt
	Sachliche Beziehung zum Thema	keine erkennbar	wenig Beziehung zum Thema erkennbar	deutliche Beziehung zum Thema	klare Beziehung zum Thema, Unterstützung des Vortrags

- Blätter mit möglichst groß geschriebenem Text, der die Kernaussagen des Vortrags enthält, um direkt mitlesen zu können,
- Karteikarten mit Stichworten zum Vortrag, die während des Vortrags in eine Struktur gelegt (bzw. an die Wand gepinnt) werden,
- Zusatzmaterial mit Querverbindungen zu benachbarten Themen, weitergehenden Vertiefungen oder anderen Aspekten,
- PowerPoint-Folien, die das Vorzutragende unterstützen und strukturieren,
- digitale Mindmaps (Hilfen findet man im Internet), die die einzelnen Aspekte des Vortrags nach und nach aufblättern und vernetzen.

Durchführung im Unterricht

Der Vortrag sollte kurz und prägnant sein (fünf bis maximal zehn Minuten – nach dem Motto: Man kann über alles reden … nur nicht länger als zehn Minuten!), aber durchaus Wiederholungen enthalten, um die „Speicherkapazität" der Zuhörer nicht zu überlasten.

Der Vortrag sollte übersichtlich gegliedert und geordnet vorgetragen werden. Er muss einen klar definierten Anfang und ein ebenso deutlich mitgeteiltes Ende sowie eine thematisch eindeutige Überschrift haben. Erläutern Sie zu Beginn, welche Funktion er für diese Stunde im Hinblick auf das Thema hat.

Der Vortrag sollte lebendig und möglichst humorvoll vorgetragen werden. Fassen Sie zum Schluss des Vortrags noch einmal die wichtigsten Punkte zusammen. Die einzelnen Ratschläge und Hinweise für einen guten Lehrervortrag werden in einer L-K-G-Regel zusammengefasst: Ein Lehrervortrag soll **l**ebendig vorgetragen werden, er soll **k**urz und **g**ut gegliedert sein.

Didaktischer Kommentar zur Differenzierung

Differenzierungsmöglichkeiten: Wenn Lehrer oder Schüler Vorträge oder Referate halten, ist immer wieder zu beobachten, dass die Zuhörer nach kurzer Zeit nicht mehr konzentriert zuhören können und unruhig werden. Daher sollten, ausgehend von den Lerntypentests, die zeigen, dass viele Schüler über den auditiven Kanal nur wenig aufnehmen, zusätzlich andere Sinne genutzt werden.

Durch die unterstützende Einbeziehung der oben skizzierten didaktischen Hilfsmittel werden die anderen Sinne stimuliert: Schüler, die Bilder (Gegenstände) in die Hand bekommen, können den gehörten neuen Lernstoff auch visuell/haptisch erfassen, sodass das Gehirn entsprechende Synapsen herstellen kann. Gleiches geschieht bei den schwächeren Schülern durch die Verbindung des Gehörten mit dem gleichzeitigen Mitlesen. Auch hier wird der visuelle Kanal direkt genutzt.

Anspruchsvoller ist die Aufgabe des Strukturierens, denn eine Ordnung herzustellen bedeutet ja, abstrahierend vorzugehen und ein System zu entwickeln. Diese neu geschaffene Ordnung kann durchaus überraschende Eigenschaften hervorkehren oder neue Sichtweisen zulassen. Je nach Klassenstufe müssen hier entsprechende Vorstrukturierungshilfen gegeben werden.

Für diejenigen Schüler, die besonderes Interesse am Thema und/oder Spaß am theoretisierend-abstrakten Denken haben, sind die oben beschriebenen Zusatzmaterialien gedacht. So kann das vorhandene mit dem neuen Wissen vernetzt werden.

Schülerrolle und Lehrerrolle: Zunächst einmal sind die Rollen klar verteilt: Der Vortragende redet, alle anderen sind zum Zuhören verdammt und sind dem Vortrag zunächst einmal passiv ausgeliefert.

Wird ein Vortrag ohne weitere Varianten gehalten, ist diese strikte Rollenaufteilung in aktiv und passiv nicht aufhebbar. Aufgebrochen werden kann sie nur durch den Einsatz der didaktischen Hilfsmittel, die den Schülern ein nicht unbeträchtliches Maß an Eigenaktivität ermöglichen. Der Lehrervortrag ist ein effektives Instrument, um schnell und gezielt Sachinformationen weiterzugeben, Schüler lernen dabei allerdings nur, konzentriert zuzuhören und Informationen aufzunehmen.

4.3.3 Lehrgang: Demonstration

Der folgende Abschnitt wurde unter Mitarbeit unserer Kollegin Christina Sczesny erstellt, der wir dafür herzlich danken. Das Instrument **Demonstration** – im lehrgangsförmigen gemeinsamen Unterricht angewendet – darf nicht mit einem bloßen Vorführen oder Zeigen gleichgesetzt werden, bei dem die Schüler lediglich als passive Betrachter fungieren. Demonstrationen sollten vielmehr auf der Aktivität der Schüler aufbauen und nicht nur verbal erklären, sondern möglichst viele Lerntypen und deren Lernwege ansprechen. Sie dienen dem leichteren und besseren Begreifen des zu erlernenden Sachverhalts auf höchstmögliche anschauliche Art.

Eine wirksame und gelungene Demonstration muss daher verschiedenen Grundanforderungen genügen, die Peterßen (1999, 60 f.) folgendermaßen beschreibt:

Grundanforderungen

- „Demonstration muss attraktiv erfolgen: Sie muss die Aufmerksamkeit und das Interesse der Lernenden auslösen und auf den Lerngegenstand lenken.
- Demonstration muss eindeutig erfolgen: Sie darf nicht vom Thema ablenken, sondern muss Lernende auf die intendierten Lernsachverhalte ausrichten.
- Demonstration muss isomorph erfolgen: Sie darf den Sachverhalt nicht verfälschen, sondern muss ihn unverbogen einsichtig machen.
- Demonstration muss valide erfolgen: Sie darf nicht an den Lernenden vorbeizielen, sie muss deren Beobachtungs- bzw. Verständnisfähigkeiten entsprechen.
- Demonstration muss aktivierend erfolgen: Sie sollte, wo immer dies möglich ist, zu aktivem Lernen anleiten und die gesamte Lernperson ansprechen."

Voraussetzungen und Vorbereitung

Der Einsatz dieses Instruments bedarf der sorgfältigen Vorbereitung durch den Lehrer, denn nichts ist für alle Beteiligten unbefriedigender als eine Demonstration, die nicht klappt. Der Lehrer kommt also um einen oder mehrere vorherige Testläufe nicht herum, und dies auch und gerade, wenn einzelne Schüler oder die gesamte Klasse selber Versuche durchführen sollen.

Eine weitere Vorbereitungsleistung bezieht sich auf die möglichst umfangreiche Einbeziehung aller Lernkanäle, vom bloßen Betrachten über das Anfassen, Riechen, Schmecken, Hören, Tasten bis hin zum aktivierenden „In-Gang-Setzen".

Durchführung

Beispiel Physik

Im Physikunterricht im 8. Jahrgang geht es im Anschluss an die Behandlung einfacher Strahlengänge um die Untersuchung der Funktionsweise des Auges sowie optischer Geräte wie Lupe, Mikroskop, Fernrohr, Kamera und Diaprojektor.

Die Schüler sollen den Aufbau dieser Gegenstände kennenlernen und insbesondere erfahren, wie die einzelnen Komponenten des jeweiligen Gerätes zur Abbildung beitragen. An mitgebrachten Geräten und einem Nachbau mit Experimentiermaterialien aus der Physiksammlung auf einer optischen Bank kann dies demonstriert werden. Zur Klärung der entscheidenden Strahlengänge müssen Kenntnisse aus der zuvor behandelten Optik zusammengetragen werden.

Zur Demonstration werden jeweils ein „Realgerät“ bzw. beim Auge ein biologisches Modell, eine optische Bank mit Zubehör je nach Gerät und eine Steckdose benötigt; eventuell helfen auch Tafel oder Projektor zur Veranschaulichung der Strahlengänge.

Die Vorbereitung kann entweder vollständig von dem Lehrer oder zum großen Teil von einzelnen Schülern bzw. Schülergruppen geleistet werden. Sie umfasst mehrere Schritte:

1. Suche nach einem geeigneten Gerät,
2. Untersuchung des jeweiligen Gerätes und Bestimmung der für die Abbildung wesentlichen Bestandteile,
3. Nachbau auf der optischen Bank,
4. Nachvollziehen des Strahlenganges,
5. Verdeutlichung des Strahlenganges zum Beispiel auf einer Folie,
6. Vorbereitung eines Vortrags.

Bei der Vorbereitung durch Schülergruppen erhalten diese im Anschluss die Gelegenheit, ihr Gerät vorzustellen. Es hat sich gezeigt, dass hierzu etwa eine halbe Unterrichtsstunde pro Gruppe benötigt wird.

In einem Vortrag wird die Funktionsweise des Gerätes (und eventuell seine Herkunft, seine Einsatzmöglichkeiten, verschiedene Varianten usw.) erklärt. Ein besonderer Schwerpunkt liegt dabei auf der Veranschaulichung mithilfe des Realgerätes sowie des Nachbaus auf der optischen Bank.

Didaktischer Kommentar zur Differenzierung

Differenzierungsmöglichkeiten:

- Differenzierung nach Lernvoraussetzungen: entweder interessenbezogen oder leistungsabhängig (Auge und Lupe sind relativ einfach zu durchschauen, Kamera und insbesondere Projektor stellen höhere Ansprüche),
- Differenzierung nach Medien: Wer kann welches Gerät besorgen?
- Differenzierung nach Lerntempo: Zum Beispiel können langsam Lernende eine noch stärker vorstrukturierte Anleitung erhalten; für schneller Lernende findet man zudem in verschiedenen Lehrwerken genügend Zusatzmaterialien,
- Differenzierung nach Lerninteressen: Wer kennt sich mit einem der Geräte aus? Wer untersucht gern technische Details (zum Beispiel beim Projektor), wer bevorzugt ein „übersichtliches“ Gerät?

Schülerrolle und Lehrerrolle: Der Einsatz des Lehrers beschränkt sich im Wesentlichen auf Hilfestellungen bei der Vorbereitung. Möglicherweise hat er zur Vorstrukturierung – insbesondere der durchzuführenden Experimente – ein Arbeitsblatt vorbereitet. Er hilft bei der Materialauswahl und stellt insbesondere die Gerätschaften zur Verfügung. Außerdem können über das eingeführte Lehrwerk hinausgehende Literaturhinweise hilfreich sein. Je nach Leistungsstand und Geschicklichkeit der Schüler sind außerdem inhaltliche Hilfen und technische Tipps notwendig. Bei der Demon-stration selbst nimmt der Lehrer im Optimalfall eine reine Zuschauerposition ein.

Die Schüler müssen den größten Teil der Vorbereitung übernehmen. Da diese Form der Demonstration an die Schüler Anforderungen auf ganz verschiedenen Ebenen stellt, ist entscheidend, dass sie sowohl methodisch als auch inhaltlich gut vorbereitet sind und die zur Durchführung der Demonstration notwendigen Kenntnisse in früheren Unterrichtsphasen erworben haben. Sie sollten nicht das erste Mal einen Versuch bzw. ein Gerät vorführen und auch nicht zum ersten Mal einen Vortrag halten, da hier gleich eine Verknüpfung beider Aspekte erforderlich ist – andererseits gilt auch hier das Prinzip „learning by doing".

4.3.4 Lehrgang: Lehrgespräch

Gut zwei Drittel des gesamten Unterrichts, der in der Bundesrepublik Tag für Tag abgehalten wird, findet in der Form des gelenkten oder auch fragend-entwickelnden **Unterrichtsgesprächs** (auch mäeutischer oder sokratischer Dialog genannt) statt. Da also jeder Lehrer dieses Instrument des gemeinsamen Unterrichts schon in der eigenen Ausbildung intensiv kennenlernt und im späteren Berufsleben routiniert anwendet, verzichten wir in diesem Abschnitt auf den üblichen Aufbau und konzentrieren uns auf die wichtigsten Differenzierungselemente.

Beim gelenkten Unterrichtsgespräch übernimmt der Lehrer die wesentlichen Steuerungs-, Kontroll- und Bewertungsaufgaben. Er hat sich während der Vorbereitung Thema und Gesprächsziel überlegt und festgesetzt, und die Schüler versuchen, sich durch geschickte Fragen und Impulse diesem Ziel so zu nähern, als hätten sie es selbst gefunden.

Die direkte Zusammenarbeit der Schüler untereinander wird nur begrenzt zugelassen – die Kommunikation zwischen Lehrendem und Lernenden steht im Vordergrund der Aufmerksamkeit. In der Mehrzahl der Fächer müssen die Schüler den größeren Teil der Zeit sitzend zubringen und dabei nach vorn an die Tafel (Whiteboard, Interaktivboard) bzw. in das Heft oder Schulbuch schauen.

Gelenkte Unterrichtsgespräche sind überwiegend thematisch orientiert. Dies heißt, dass eine kognitive Strukturierung des Unterrichtsablaufs vorherrscht. Die Wirklichkeit, die durch das methodische Handeln von Lehrenden und Lernenden im Unterrichtsprozess hergestellt wird, ist überwiegend sprachlich, nur zum Teil bildlich und kaum über aktive Schülerhandlungen vermittelt. Dabei ist der Sprechanteil des Lehrers regelmäßig höher als der aller Schüler einer Klasse zusammen (rund 70 Prozent Lehreranteil zu 30 Prozent Anteil aller Schüler). Durch gelenkte Unterrichtsgespräche können sachliche Zusammenhänge, Probleme und Fragestellungen aus der Sicht des Lehrers dargestellt werden. Sie sollten dann eingesetzt werden, wenn eine allgemeine Orientierungsgrundlage hergestellt oder ein neues Wissensgebiet dargestellt werden soll; außerdem wenn Arbeitsergebnisse gesichert und die Leistungsstände von Schülern überprüft werden sollen.

Gelenkte Unterrichtsgespräche erziehen aber fast zwangsläufig zur Passivität und Anpassung, zum Ruhe-, Ordnung- und Disziplinwahren. Sie sind in ihrer Struktur eher konservativ – auch dort, wo die vom Lehrer vermittelten Inhalte und Einstellungen fortschrittlich sein sollten. Außerdem sind sie gut geeignet, einen Sach-, Sinn- oder Problemzusammenhang aus der Sicht und mit den Mitteln des Lehrers darzustellen. Sie sind kaum geeignet, die Selbstständigkeit des Denkens, Fühlens und Handelns der Schüler zu entfalten. Welche Funktionen hat das gelenkte Unterrichtsgespräch?

Sinnvolle Funktionen

- Es soll die Schüler interessieren und motivieren.
- Es hat eine Informationsfunktion für den Lehrer.
- Es steuert den Denkprozess der Schüler.
- Es dient der Wiederholung und damit Festigung kognitiven Wissens.
- Es hat eine Vorbereitungsfunktion für den Lehrer.

Didaktischer Kommentar zur Differenzierung

Differenzierungsmöglichkeiten: Die seit HERBART und seinen Nachfolgern relativ ungehindert fortlebende Vorstellung, Lernen im gelenkten Unterrichtsgespräch sei ein aus Schülersicht gesehen wesentlich passiver Prozess, ist spätestens seit Entwicklung der subjektiven Didaktik (vgl. KÖSEL 1993) und der konstruktivistischen Didaktik (vgl. WERNING 7–8/1998) in Zweifel geraten: Die Selbstkonstruktion des zu bearbeitenden Themas durch den lernenden Schüler tritt in diesen neuen didaktischen Ansätzen in den Mittelpunkt. Sie begreifen Lernen als einen höchst aktiven und differenzierten Prozess der Konstruktion, den der Lehrer zwar steuern, aber nicht majorisieren kann. Wirkliches Verständnis entsteht durch eine Art von Defokussierung (HANS AEBLI spricht von „kognitiver Dezentrierung“, AEBLI 1994, 315).

Die Kunst des Lehrers, der das Instrument „gelenktes Unterrichtsgespräch" einsetzen und trotzdem innerlich differenziert unterrichten will, besteht in der Entwicklung entsprechender Fragestrategien, die das zu erarbeitende Thema aus leicht veränderten Perspektiven immer wieder in den Blick nehmen und die Schüler zu eigenen Verbalisierungen herausfordern (vgl. WIECHMANN 1999, 20 ff.). Die Kurzschrittigkeit dieser Fragen soll hierbei nicht dem „Lernen im Gleichschritt" dienen, sondern der das Gespräch führende Lehrer kann durch diese Strategie viele Schüleräußerungen berücksichtigen, so ein direktes Feedback über den Lernstand der einzelnen Schüler erhalten und differenziert auf die einzelnen eingehen – sei es, dass er einzelne Schülergruppen schon weiterarbeiten lässt und mit anderen das Vorherige wiederholt, sei es, dass die langsameren Arbeiter in Einzelarbeit den bisherigen Stoff wiederholen und die anderen Schüler gemeinsam mit dem Lehrer weiterarbeiten.

Schülerrolle und Lehrerrolle: Wie bei keiner anderen Ausprägung des unterrichtlichen Geschehens sind beim gelenkten Unterrichtsgespräch die Schüler- und die Lehrerrolle miteinander verquickt. Der Lehrer befindet sich in der – eigentlich widersprüchlichen – Situation, zu Hause bei der Stundenvorbereitung das zu antizipieren, was die Schüler wohl sagen könnten, bzw. Strategien zu entwickeln, die Schüler dahin zu bringen, was er gerne hören möchte.

Die Schüler wiederum wissen, dass der Lehrer von ihnen etwas Bestimmtes erwartet, ihnen dieses aber nicht direkt sagt, sondern sie den Weg selber ertasten lässt. Dies ist die ebenso unaufhebbare wie paradoxe Grundbedingung des gelenkten Unterrichtsgesprächs.

Da auch wir keinen Königsweg aus diesem Dilemma wissen, möchten wir an dieser Stelle nur einige Tipps für ein differenziertes Vorgehen geben. Nach unseren Erfahrungen werden beim Einsatz dieses alltäglichsten aller Instrumente die Melde- und Aufruftechniken zu wenig kontrolliert und gepflegt, daher möchten wir auf folgende Aspekte besonders hinweisen:

Wichtige Aspekte für das Lehrerverhalten

- Leistungsschwache Schüler sollten genauso häufig aufgerufen werden wie leistungsstarke.
- Leistungsschwache Schüler benötigen Zeit, um ihre Antworten zu formulieren.
- Leistungsschwache Schüler sollten weniger häufig getadelt werden.
- Leistungsschwache Schüler sollten genauso viele Hilfestellungen erhalten wie leistungsstarke.
- Leistungsschwache Schüler sollten genauso oft gelobt werden wie leistungsstarke.

- Leistungsschwache Schüler sollten nicht übertrieben oft auf ihre Fehler hingewiesen werden.

Weil der Lehrer von leistungsstarken Schülern mehr erwartet, nimmt er sie häufiger dran und gibt ihnen mehr Hilfen, gute Antworten zu produzieren. Meist ist es schon ausreichend, sich als Lehrer diese Zusammenhänge bewusst zu machen, um ein ausgewogenes Maß an Melde- und Aufruftechniken im Unterricht zu praktizieren.

Gegen das Instrument des gelenkten Unterrichtsgesprächs ist qualitativ nichts einzuwenden, unsere Einwände zielen einzig auf die quantitative Ebene: Wir sehen in der deutschen Schulwirklichkeit ein erdrückendes Übergewicht, fast eine Monostruktur zugunsten des gelenkten Unterrichtsgesprächs, und wünschen uns, dass der quantitative Anteil dieses Instruments zukünftig stark reduziert wird.

4.3.5 Lehrgang: Arbeitsmaterial

Die bloße Kopie eines Textes, einer Zeichnung, eines Gemäldes, einer Tabelle usw. wird nach unserem Verständnis erst dann zu einem **Arbeitsblatt** im eigentlichen Sinne, wenn auf diesem Blatt zusätzlich Aufgaben formuliert sind, die den Weg der Bearbeitung didaktisch und methodisch vorstrukturieren und die Art der Auseinandersetzung mit dem gestellten Thema zumindest ein Stück weit vorgeben.

Wenn der Lehrer sich der Mühe unterzieht, verschiedene Arbeitsblätter für die einzelnen Mitglieder der Klasse herzustellen, hat er bei der Gestaltung fast unbegrenzte Möglichkeiten, um auf das Leistungsvermögen, das Lerntempo, den Lerntypus, die speziellen Vorlieben und Abneigungen der Schüler einzugehen.

Arbeitsblätter können innerhalb verschiedener Unterrichtsverfahren in allen Unterrichtsstufen differenziert zur Hinführung, Problemstellung, Aufgabenstellung, Erarbeitung, praktischen Ausführung, Ergebnisfeststellung, Reflexion, Wiederholung und Übertragung eingesetzt werden. In den meisten Fällen werden Arbeitsblätter im gemeinsamen Unterricht zur individuellen Stillarbeit oder auch als Hausaufgabe verwendet. Selbstredend kann ein Arbeitsblatt auch diskursiv in Partner- oder Gruppenarbeit eingesetzt werden.

Arbeitsblätter sollen dem Schüler Gelegenheit geben,

- sich mithilfe des vorgegebenen Materials einen Sachverhalt selbst zu erarbeiten oder einen vorgegebenen Gegenstand zu beschreiben,
- mithilfe des Erarbeiteten weiterzuarbeiten bzw. auf der erarbeiteten Basis weiterzudenken,

- diesen Sachverhalt oder diese Beschreibung in einem größeren Zusammenhang zu sehen und darin einzubauen.

Durch den kontinuierlichen Einsatz von Arbeitsblättern sollen die Schüler
- das Gefühl für eine ansprechende äußere Form und für eine zweckmäßige Gestaltung entwickeln,
- lernen, ein solches Blatt selbstständig, sauber, übersichtlich und leserlich auszufüllen,
- lernen, das Wichtige in knapper Form sachlich zu formulieren und niederzuschreiben,
- lernen, sich selbstständig, zielgerichtet und ohne gegenseitig Störung einen Unterrichtsstoff zu erarbeiten oder bereits Erarbeitetes fortzuführen,
- Freude am selbstständigen Lernen erfahren.

Trotz der ungeheuren Vielfalt der geschilderten Einsatzmöglichkeiten lassen sich den einzelnen Kategorien der Arbeitsblätter bestimmte Einsatzbereiche zuordnen:
- Arbeitsblätter im engeren Sinn dienen der Erarbeitung,
- Ergebnissicherungsblätter dienen der Vertiefung und Sicherung von Wissen und Können,
- Theorie- und Merkblätter dienen der Vertiefung und Sicherung von Wissen und der Bereitstellung zusätzlicher Information,
- Übungsblätter dienen der Übung und Anwendung des Wissens und Könnens.

Angesichts der vielfältigen Möglichkeiten kann dem Arbeitsblatt kein fester didaktischer Ort im Unterrichtsgeschehen zugeordnet werden. Bei der Erstellung eigener Arbeitsblätter sollte der Lehrer im Vorfeld in Bezug auf die innere Differenzierung im Unterricht folgende Fragen klären:

Fragen für die Erstellung eines Arbeitsblatts

- Welche fachlichen Kompetenzen sollen die Schüler entwickeln und umsetzen?
- Welche methodischen Kompetenzen sollen die Schüler festigen oder erwerben?
- Was will ich mit dem Arbeitsblatt bezüglich der verschiedenen Lerntypen und Lernstände innerhalb der Lerngruppe erreichen?
- Welche Sozial- und Arbeitsformen sollen eingesetzt und ermöglicht werden?

Erst wenn diese Fragen beantwortet sind, können Arbeitsblätter sinnvoll in den Unterricht eingebaut werden; sie sollten didaktisch und methodisch gut durchdacht und gestaltet sein. Denn nur so wird es gelingen, auch die

Schüler zum Beispiel bei der Vorstellung ihrer Arbeitsergebnisse zur Gestaltung von eigenen Arbeitsblättern zu ermutigen und anzuleiten.

Schulbuch

Die gerade beschriebenen Differenzierungsmöglichkeiten und -formen finden sich mittlerweile auch in vielen neueren Schulbüchern und sonstigen Arbeitsmaterialien:

- in den mutter- und fremdsprachlichen Fächern in erster Linie durch unterschiedliche Aufgabenstellungen bezüglich des Textumfanges, der methodischen Vorgehens- und sprachlichen Ausdrucksweisen,
- in den gesellschaftlichen Fächern hauptsächlich in Bezug auf die Quantität und die Qualität der Aufgabenstellungen sowie auf methodische Varianten,
- im mathematisch-naturwissenschaftlichen Bereich vorwiegend durch den Schwierigkeitsgrad und die lerntypenspezifischen Zugangsweisen.

Aber auch für die Arbeit mit Lehr- und Arbeitsbüchern, die diese Alternativen nicht vorgeben, lassen sich mit geringem Aufwand Differenzierungsmöglichkeiten schaffen:

- quantitative Differenzierung durch eine vom Schüler selbst bestimmte Aufgabenmenge, die zu bewältigen ist,
- qualitative Differenzierung durch vom Schüler vorgenommene Auswahl der im Regelfall verschieden anspruchsvollen Aufgaben
- und nicht zuletzt durch vom Lehrer selbst vorgenommene Ausdifferenzierung, Erweiterung und Verfeinerung der vorgegebenen Aufgabenstellungen bis hin zur Leistungs- und Neigungsdifferenzierung, wie sie im vorigen Abschnitt exemplarisch dargelegt wurde.

4.3.6 Kursarbeit: fachspezifischer Kurs

Fachspezifische Kurse finden entweder als **Arbeitsgemeinschaft** oder in Extrastunden außerhalb der Unterrichtszeit statt. Die Räumlichkeiten der Schule stehen für die Durchführung der Kurse zur Verfügung und auch deren Ausstattung kann genutzt werden.

Der Kurs wird vom Lehrer, der den Kurs anbietet, ausgeschrieben. Es gibt eine begrenzte Teilnehmerzahl, und auch die Kosten, die für Materialien, Besuche oder Fahrten anfallen, werden im Vorfeld für alle deutlich erkennbar mitgeteilt. Entweder können sich Schüler aus allen Jahrgängen zu einem Kurs anmelden oder der Kurs wird nur für eine bestimmte Altersstufe angeboten.

Am Ende eines fachspezifischen Kurses erhält jeder Schüler eine Bescheinigung über die Teilnahme und die erworbenen Kenntnisse und Fertigkeiten. Dies ist kein offizielles Zertifikat, sondern eine schulintern verabredete Angelegenheit, die die individuelle Kenntniserweiterung attestiert und gegebenenfalls für einen Nachfolgekurs in der Schule oder an außerschulischen Institutionen genutzt werden kann.

Voraussetzungen und Vorbereitung

Der Lehrer plant und organisiert den Kurs, stellt Arbeitsmaterialien zur Verfügung und kennt die Räumlichkeiten der Schule und ihre Ausstattung sehr gut. Da erst mit Beginn des Kurses feststeht, welche Schüler daran teilnehmen, kann kaum mit den Schülern eine gemeinsame Planungsphase stattfinden. Der Lehrer stellt zu Beginn des Kurses seine Planung vor und anschließend haben die Schüler die Möglichkeit, ihre Interessen und Vorstellungen einzubringen. Der Kursplan muss eventuell noch einmal verändert bzw. ergänzt werden.

Durchführung

Beispiel Fotokurs

An unserer Schule findet regelmäßig in jedem Schulhalbjahr der fachspezifische Kurs „Fotografie“ statt. Die Schule besitzt ein eingerichtetes Fotolabor, in dem aber nur eine begrenzte Anzahl von Schülern gemeinsam arbeiten kann. Für die Schüler, die keinen eigenen Fotoapparat mitbringen können, stehen einige Apparate zur Verfügung. Für das Fotopapier und die Chemikalien wird von jedem Schüler ein bestimmter Betrag eingesammelt.

Die Schüler arbeiten beim Fotokurs unter Anleitung gemeinsam in einer kleinen Gruppe im Fotolabor, sie entwickeln Schwarz-Weiß-Filme und vergrößern Fotos. Übungen mit der Camera obscura und die eigene Entwicklung ihrer Fotos führen zum Verständnis für den ablaufenden technischen Prozess.

Möglichkeiten einer Einbindung des Kurses ins Schulleben bieten die Zusammenarbeit mit der Schülerzeitung und die fotodokumentarische Aufbereitung von Präsentationen und Ausstellungen. Allerdings gibt es im Moment eine größere technische Verschiebung vom Fotoapparat und dem Fotolabor zur Digitalkamera und der Bearbeitung ihrer Dateien am Computer.

Hier zeigen die Schüler großes Interesse an Bearbeitungen, künstlerischer Gestaltung und Installationen. Da immer mehr Schüler Kompetenzen in diesem Bereich entwickeln, ist es oft auch möglich, dass die Schüler die Kurse selber anbieten – der Lehrer ist dann nur Berater und Unterstützer.

Didaktischer Kommentar zur Differenzierung

Differenzierungsmöglichkeiten: Der fachspezifische Kurs als Instrument des gemeinsamen Unterrichts bietet wenige Möglichkeiten der Differenzierung. Im Vergleich zum Klassenunterricht kann er aber folgende Vorteile nutzen: Alle am Kurs teilnehmenden Schüler sind freiwillig und aus Interesse am Angebot dabei. Sie müssen nicht motiviert werden – jeder weiß durch die Kursausschreibung, was ihn erwartet – und es gibt in der kleinen Teilnehmergruppe keine Disziplinprobleme.

Der Lehrer kann bei Erklärungen und Vorträgen die unterschiedlichen Lerntypen im Kurs dadurch ansprechen, dass er zusätzliche visuelle Hilfen für all diejenigen anbietet, die über den Text nur schwer Arbeits- und Regieanweisungen verstehen können, dies gilt auch für Gebrauchsanweisungen.

Als Demonstrationsmaterial sind Ergebnisse aus vorangegangenen Kursen ebenfalls hilfreich. Falls die Schüler Kenntnisse aus anderen Fachbereichen in den Kurs mit einbringen müssen, können Zusatzmaterialien an die Schüler verteilt werden – diese werden meistens bereitwillig gelesen, da ja alle gemeinsam weiterarbeiten wollen.

Sicher wird es gerade bei fachspezifischen Kursen Phasen von Einzel- oder Gruppenarbeit geben, nämlich immer dann, wenn zum Beispiel Fotos gemacht werden sollen, Befragungen notwendig sind, Veränderungen vorgenommen, Installationen präsentiert werden usw. Der Schwerpunkt liegt aber auf der gemeinsamen Arbeit mit allen Kursteilnehmern.

Schülerrolle und Lehrerrolle: Der Lehrer (oder Schüler) plant den Verlauf des Kurses, gibt die Inhalte vor, organisiert und besorgt die notwendigen Materialien. Er trägt die Verantwortung für alle Aktivitäten. Über unterschiedliche lehrerzentrierte Handlungsmuster leitet er alle Schüler gemeinsam zum Beispiel zum Fotografieren, Entwickeln, Skizzieren usw. an.

Die Schüler arbeiten alle zusammen – phasenweise alleine unter Anleitung an ihren Plätzen –, wobei die Größe des Kurses abhängig ist von der Anzahl der vorhandenen Arbeitsplätze. Da die Schüler aus individuellem Interesse an fachspezifischen Kursen teilnehmen, zeigen sie viel Engagement und sind eher bereit, auch Frustrationen zu ertragen, wenn etwas einmal nicht gelingt.

Insbesondere in Arbeitsgemeinschaften werden an vielen Schulen fachspezifische Kurse angeboten. Sie sind als Instrument besonders gut geeignet, den Schülern den Umgang mit positiven und negativen Ergebnissen zu vermitteln. Im künstlerischen Bereich gibt es an den Schulen vielfältige Kursangebote: Radierungen, Drucke, Ton- oder Steinarbeiten, spezielle

Techniken mit besonderen Materialien usw. Auch im Sportbereich finden unterschiedliche Kurse, häufig in Verbindung mit den örtlichen Sportvereinen, statt: Judo, Bogenschießen, Rudern, Segelfliegen, Selbstverteidigung usw. Computerkurse stoßen in allen Jahrgängen auf großes Interesse, besonders wenn es um die Beschäftigung mit dem Internet geht.

4.3.7 Kursarbeit: praxisorientierter Kurs

Praxisorientierte Kurse beschäftigen sich im Gegensatz zu fachspezifischen Kursen mit für Schüler interessanten und relevanten Themen, die einen unmittelbaren praktischen Bezug haben. Sie stehen und fallen mit den Kompetenzen des Lehrers, der den Kurs in der Schule, aber außerhalb der Unterrichtszeit durchführt.

Als sinnvoll und hilfreich erweist es sich, die Zusatzkompetenzen und Fähigkeiten des Lehrers im Vorfeld – d. h., bevor ein Kurs angeboten und durchgeführt wird – zu erfragen und gegebenenfalls von außerhalb fachkompetente Beratung hinzuzuziehen. So ist zum Beispiel für viele Sportkurse eine Trainerlizenz erforderlich oder man braucht für Erste-Hilfe-Kurse eine Zusatzausbildung.

Da für den praxisorientierten Kurs die gleichen Voraussetzungen und Vorbereitungen notwendig sind wie für den fachspezifischen Kurs, verzichten wir hier auf diesen Abschnitt.

Durchführung

An manchen Schulen wird ein Sportbootführerschein, Segelschein oder Segelflugschein angeboten. Wenn nicht ein Lehrer der Schule eine entsprechende Ausbildung hat, wird mit Vereinen, Segelflugschulen oder Sportbootclubs zusammengearbeitet.

Die Prüfungen finden dann bei den zuständigen Ämtern statt. Dazu muss der Schüler alle notwendigen Bescheinigungen und entsprechende Praxisberichte, -erfahrungen, Bestätigungen und eventuell vorzulegende Zeugnisse einreichen. Die Kosten für die Schüler beschränken sich so auf ein erträgliches Maß.

Didaktischer Kommentar zur Differenzierung

Differenzierungsmöglichkeiten: Die Differenzierungsmöglichkeiten werden in Anlehnung an die Möglichkeiten in fachspezifischen Kursen durch zwei Aspekte ergänzt. Insbesondere bei praxisorientierten Themen bietet sich eine Differenzierung nach geschlechtsspezifischen Kriterien an. Nicht, um dem Vorurteil gerecht zu werden, Mädchen hätten weniger technische

Kenntnisse, sondern um den Schülerinnen die Chance zu geben, in ihrem eigenen Lerntempo auszuprobieren, zu experimentieren und nicht alles von den Jungen schnell vorgemacht zu bekommen.

Ein weiterer Aspekt sind die notwendigen Bescheinigungen, die hier einen anderen Stellenwert als bei den fachspezifischen Kursen haben. Die Schüler können zum Beispiel nur dann einen „Schein" erwerben, wenn sie entsprechende Zertifikate vorlegen. Von daher ist es notwendig, alle Schüler so zu fördern und mit entsprechenden Arbeitsmaterialien zu versorgen und sie so viel praktische Anteile erarbeiten zu lassen, dass sie möglichst alle ihre Bescheinigungen erhalten.

Schülerrolle und Lehrerrolle: Die Schüler- und die Lehrerrolle sind mit den Rollen im fachspezifischen Kurs zu vergleichen. Da der praxisorientierte Kurs außerhalb der Unterrichtszeit – zum Beispiel am Nachmittag oder am Abend – stattfindet, kann der den Kurs durchführende Lehrer davon ausgehen, dass alle Schüler großes Interesse am Thema haben und regelmäßig erscheinen werden. Jeder weiß nach der Kursankündigung, was ihn erwartet und welche Ziele gemeinsam verfolgt werden. Wer keine Lust hat, bleibt gleich zu Hause.

4.3.8 Klassenunterricht: Klassengespräche

Unter Klassengesprächen verstehen wir nicht die fragend-entwickelnden (mäeutischen) Gesprächsformen des Fachunterrichts, sondern den **Meinungsaustausch** innerhalb der Klasse über all die nichtfachlichen Dinge, die in dem sozialen Organismus einer Klasse von Bedeutung sind. Klassengespräche sind also etwas völlig Alltägliches, sie bilden einen festen Bestandteil innerhalb des täglichen Unterrichtsgeschehens und geschehen meistens in den Klassenlehrer- oder Verfügungsstunden. Sie können in Form von Planungsgesprächen, Brainstorming, Blitzlicht, Kreisgespräch, Streitgespräch oder einer Debatte stattfinden. Wir nennen hier die grundlegenden Prinzipien der jeweiligen Gesprächsform, geben die wesentlichen Durchführungsregeln an und formulieren einen didaktischen Kommentar zur Differenzierung.

Die Schülerrolle und die Lehrerrolle unterscheiden sich in den verschiedenen Gesprächsformen nicht wesentlich voneinander, daher gehen wir nicht explizit auf sie ein. Je nach Situation und erforderlichen Vorkenntnissen übernimmt entweder der Lehrer oder ein Schüler die Rolle des Gesprächsleiters. Das Gespräch findet mit allen gemeinsam statt, was die phasenweise Einzel- oder Gruppenarbeit nicht ausschließt, der Schwerpunkt aber liegt eindeutig auf dem Klassengespräch.

Klare Regeln vereinbaren und auf die Einhaltung achten

1. Planungsgespräch

Das Planungsgespräch lässt sich am besten mit dem Begriff Ideensammlung beschreiben, bei der realistische Ideen zur Anregung und Vorbereitung für ein neues Thema oder Projekt, zur Lösung anstehender Konflikte oder Entwicklung von Strategien zur Realisierung bestehender Wünsche gemeinsam gesammelt und besprochen werden. Die schrittweise Entwicklung eines Konzeptes, in dem spontane Ideen und Assoziationen aufgegriffen und weitergedacht werden, führt systematisch zu positiven Ergebnissen in der Bewältigung anstehender Themen und Probleme.

Um Entwicklungen aufzuzeigen und Ergebnisse festhalten zu können, ist das Bereitstellen von Materialien notwendig: Tafel, Zeitungspapierrolle, Flipchart, Karteikarten, Stifte, Kleber, Schere und Klebepunkte, PC und Beamer.

Didaktischer Kommentar zur Differenzierung: Schüler können eigene Vorstellungen in das Planungsgespräch einbringen, lernen aber gleichzeitig, dass nur die Verbindung und das Abwägen aller gesammelten Ideen und Vorschläge zu einem Ergebnis führen. In der gemeinsamen sachlichen Assoziation zum Thema werden die individuellen Fähigkeiten und Stärken deutlich. Davon profitieren einerseits die einzelnen Schüler, indem ihr Selbstwertgefühl gehoben wird, andererseits fördert es die Klassengemeinschaft.

Die Aufgabe des Lehrers ist es, diejenigen Schüler bewusst anzusprechen und zum Reden aufzufordern, die zum Thema entsprechende Beiträge liefern können. Er kennt seine Schüler gut und sollte seine Kenntnisse über die Stärken und Interessen der Einzelnen hier einbinden.

2. Brainstorming

Das Brainstorming ist ein Instrument zum gemeinsamen lauten Denken. Jede Äußerung wird schriftlich festgehalten und protokolliert, dann wird eine gemeinsame Ordnungsstruktur erarbeitet und erstellt. Diese Struktur bildet die Grundlage für weitere Gespräche oder andere Unterrichtsformen.

Didaktischer Kommentar zur Differenzierung: Hier bilden die eigenen Fantasien und Vorstellungen die Grundlage für die geäußerten Einfälle. Die Sammlung aller Ideen führt erst zur Entstehung einer Struktur. Auch hier gilt wie bei den anderen Gesprächsformen: Einzelne Beiträge entwickeln sich zu gemeinsamen „Bildern“ und zu einem Ganzen.

3. Blitzlicht

Das „Blitzlicht" arbeitet ausschließlich mit kurzen Statements und versteht sich als Sammlung individueller Äußerungen der Schüler. Es gibt also in dieser Phase keine Dialoge zwischen den Schülern der Klasse.

Die Durchführung des Blitzlichts ist denkbar einfach – jeder Schüler erhält den Auftrag, nach einer kurzen Bedenkzeit in nur einem Satz das für ihn selber Bedeutsame und Wesentliche zum Thema zu äußern. Alle sind nacheinander an der Reihe; Fragen oder sonstige Unterbrechungen werden nicht zugelassen. Mithilfe des Blitzlichts lassen sich die Vorkenntnisse der Schüler sehr gut aktivieren, aber auch als Abschluss eines Themas ist diese Gesprächsform als Feedback geeignet.

Didaktischer Kommentar zur Differenzierung: Die Schüler sollen ihre Gedanken sortieren, strukturieren und den zentralen Aspekt herauslösen, und sie sollen diesen Hauptgedanken möglichst knapp und präzise verbalisieren. Besonders schwächeren Schülern in unteren Jahrgängen fällt es schwer, ihre Gedanken in ganzen Sätzen sprachlich wiederzugeben. Deshalb ist es für einige hilfreich, Satzstrukturen vorgegeben zu bekommen oder dass sie ihren Satz zunächst aufschreiben.

Gute Erfahrungen haben wir auch mit vorbereiteten Satzanfängen auf Karteikarten gemacht, die immer wieder verwendet werden können (zum Beispiel: Ich finde, dass ...; Ich wünsche mir, dass ...; Ich möchte wissen, ob ...; Ich lehne es ab, wenn ...).

4. Kreisgespräch

Im Kreisgespräch sollen alle Schüler nacheinander ihre Meinungen und Kenntnisse zu einer Fragestellung oder einem Thema mitteilen. Dies kann sowohl nach Aufforderung durch den Lehrer erfolgen als auch durch das Melden. Wichtigstes Kriterium hierbei ist, dass möglichst jeder Schüler einen Beitrag leistet.

Auf problematisierende Einwürfe sollte allerdings zunächst verzichtet werden, denn sie haben fast immer die unmittelbare Folge, dass eine Diskussion zwischen den interessierten, lebhafteren Schülern beginnt. Die stillen, die noch nicht an der Reihe waren, kommen nicht mehr zu ihrem Beitrag und ziehen sich höchstwahrscheinlich für den Rest der Stunde in ihr emotionales Schneckenhaus zurück. Der Gesprächsleiter sollte diese Regel zu Beginn deutlich aussprechen und diejenigen, die schon während der Vorstellungsrunde problematisierende Fragen haben, bitten, sich diese zu merken oder aufzuschreiben, um dann die anschließende Diskussion einleiten zu können.

Um eine harmonische Atmosphäre und die Offenheit dieser Gesprächsrunde zu gewährleisten, sollten die Schüleräußerungen nicht bewertet werden. Sinnvoll ist es aber, sie als Zwischenergebnis zusammenzufassen, schriftlich in Form von Protokollen oder Thesen zu sichern oder auch aufzuzeichnen.

Didaktischer Kommentar zur Differenzierung: Auch hier müssen die Schüler zunächst einmal ihre Gedanken sortieren und strukturieren, bevor sie sie möglichst präzise äußern können. Die Schüler haben differenzierte Möglichkeiten, ihre Meinung zu formulieren. Je jünger Schüler sind, desto weniger sind sie in der Lage, die Regeln des Kreisgespräches einzuhalten. Sie lassen die anderen nicht ausreden und kennen noch nicht den Unterschied zwischen den zwei Fragearten. Andererseits haben sie eine deutlich höhere Toleranz- und Frustrationsschwelle gegen Störungen und Unterbrechungen durch die Klassenkameraden, genervt ist in solchen Situationen meist nur der Lehrer.

Vom Beginn der Sekundarstufe an sollten Sie anfangen, die formalen Regeln strikt einzuhalten. In geübten Klassen höherer Jahrgänge kann die Gesprächsleitung durch einen Schüler übernommen werden. Der Lehrer kann dann entweder als normaler Gesprächsteilnehmer fungieren oder sich um die Datensicherung (durch Protokolle oder Tonbandaufnahmen) kümmern.

5. Streitgespräch

Im Streitgespräch erhalten die Schüler den Auftrag, in einer simulierten Konkurrenzsituation die von ihnen übernommenen Sprechrollen durch möglichst geschicktes Argumentieren zu vertreten. Im Gegensatz zum aufwändigeren und zeitintensiveren Rollenspiel geht es bei dieser Gesprächsform um die rein verbale Ausgestaltung einer Vorlage. Die Übergänge sind aber fließend, und Streitgespräche sind häufig auch Bestandteile von Rollenspielen.

Klare Rollenzuweisungen und genaue formale Regeln des Gesprächsablaufs, die zu Beginn eingeführt sein müssen, kennzeichnen diese Gesprächsform:

- Mindestens vier verschiedene Rollen müssen vor Beginn eines Streitgespräches eingeführt und besetzt werden: Gesprächsleiter, Befürworter, Gegner und Beobachter.
- Bis auf die Rolle des Gesprächsleiters können alle Rollen mehrfach besetzt werden.

- Die Gesprächsteilnehmer müssen sich gegenseitig ausreden lassen, sich an die vom Leiter geführte Rednerliste halten und sollten jede persönliche Diffamierung des anderen vermeiden.
- Die Beobachter sollten einen klar definierten Beobachtungsauftrag haben, um die nachfolgende Auswertung, die nach dem Streitgespräch stattfindet, zu strukturieren.
- Der Gesprächsleiter achtet darauf, dass die vereinbarten Regeln eingehalten werden.

Didaktischer Kommentar zur Differenzierung: Je nach Interesse und Leistungsfähigkeit der Schüler wird ihnen geraten, sich Stichworte zu notieren oder ihre Argumente schon auf einem Plakat festzuhalten. So können im gemeinsamen Streitgespräch Empathie, kommunikative Kompetenz und Toleranz entwickelt werden.

Wie kaum ein anderes Instrument vermittelt das so verstandene Streitgespräch die Entwicklung von Ambiguitätstoleranz, d. h. der Fähigkeit, sich in andere Denkstrukturen und Meinungen einzufühlen und sich daneben gleichzeitig der eigenen Position bewusst zu sein – ein ausgesprochen wichtiges Kriterium zur differenzierten Beurteilung anderer Meinungen und Weltbilder.

6. Debatte

Die Debatte unterscheidet sich vom Streitgespräch durch mehr Regeln. Form und Ablauf einer Debatte lassen sich aus den Geschäftsordnungen politischer Entscheidungsgremien übernehmen. Es muss eine klare Entscheidungsalternative geben, die in Form eines Antrages zur Abstimmung gestellt wird. Das Ziel der Debatte ist die Annahme, Ablehnung oder Modifizierung des Antrags. Folgende Rollen müssen besetzt werden: Vorsitzender, erster, zweiter, dritter Antragsteller, mehrere Opponenten, Protokollführer und Vertreter der Öffentlichkeit.

In der Regel eröffnet der Vorsitzende die Sitzung und fordert die Antragsteller auf, ihre Anträge einzubringen. Bevor die allgemeine Debatte eröffnet wird, werden die Opponenten noch zur Gegenrede aufgefordert. Am Ende der Debatte lässt der Vorsitzende über den oder die Anträge abstimmen und gibt das Abstimmungsergebnis bekannt.

Didaktischer Kommentar zur Differenzierung: Schüler erfahren und lernen, einen Konsens herzustellen bzw. einen Dissens auszuhalten. Sie bringen unterschiedliche Interessen ein, lernen, verbal zu verteidigen, zu taktieren und zu koalieren. Darüber hinaus kann etwa die Aufarbeitung einer fiktiven literarischen Situation, ein historischer Dialog, eine in den Medien zur Sprache gebrachte aktuelle Kontroverse oder die nächste Gesamtkonferenz Anlass für eine Debatte sein.

4.3.9 Klassenunterricht: Klassenrat

Der **Klassenrat** tagt meist einmal in der Woche in der Klassenlehrer- bzw. Verfügungsstunde. In dieser Stunde besprechen die Schüler einer Klasse gemeinsam mit dem(n) Klassenlehrer(n) Probleme und Schwierigkeiten einzelner Schüler oder auch der ganzen Klasse, um gemeinsame Lösungen zu finden. Der Klassenrat bildet damit ein Instrument für Kommunikation und Organisation innerhalb einer Klasse und trägt dazu bei, partnerschaftliches und demokratisches Verhalten einzuüben.

Tagesordnung für Klassenratsstunde

Er findet regelmäßig nach den immer gleichen Regeln und Absprachen statt (vgl. DIEPOLD 1999). Die Tagesordnung der Klassenratsstunde kann sich an folgendem Schema orientieren:

1. Das Problem oder der Konflikt wird vorgetragen
2. Die betroffenen Teilnehmer müssen ihr Einverständnis mit der Besprechung geben.
3. Das Problemumfeld wird abgeklärt: Beteiligte, Ursachen, eventuelle Rückfragen.
4. Es werden Lösungsangebote gesammelt.
5. Die Vorschläge werden auf ihre Durchführbarkeit hin geprüft.
6. Der Klassenrat entscheidet sich für eine akzeptable Lösung.
7. Die verbindlichen Vereinbarungen werden in einem Protokoll festgehalten, später überprüft und eventuell revidiert.

Voraussetzungen und Vorbereitung

Um in der Klasse regelmäßig einen Klassenrat stattfinden zu lassen, müssen Verhaltens- und Gesprächsregeln vereinbart werden, die in jedem Falle einzuhalten sind.

Innerhalb der Klasse sollte zwischen den Schülern eine Basis des Vertrauens geschaffen sein, damit sich alle beteiligen können. Auch der freundliche Umgang miteinander, das gegenseitige Akzeptieren der jeweiligen persönlichen Eigenarten und die Gesprächsdisziplin sollten Grundlage für den Klassenrat sein. Die Schüler dürfen nicht das Gefühl entwickeln, vor einem Tribunal zu stehen, es muss klar sein, dass dieses Gremium der Verbesserung der Zusammenarbeit dient.

Klar ist, dass dieses Vertrauen im Laufe der Zeit wachsen muss, damit alle vom Klassenrat profitieren können. Direkt nach der Übernahme einer neuen Klasse ist es zunächst sinnvoll, als Klassenlehrer die Gesprächsleitung zu übernehmen. Aber schon bald sollte ein Schüler diese Aufgabe übernehmen. Ziel ist es, dass die Schüler den Klassenrat selbstständig vorbereiten, organisieren und leiten.

Es hat sich ebenfalls als sinnvoll erwiesen, vor Beginn des Klassenrates einen Protokollanten zu bestimmen, damit die Ergebnisse festgehalten und bei Bedarf nachgelesen werden können. Jeder Schüler sollte diese Aufgabe einmal übernehmen, so können gleichzeitig die Regeln zur Protokollierung geübt und trainiert werden.

Wir haben in unserer Klasse gute Erfahrungen mit einer „Klassenkladde" gemacht. Eine DIN-A4-Kladde liegt für alle Schüler der Klasse zugänglich auf dem Regal. Die Schüler haben jederzeit die Möglichkeit, ihre Probleme und Schwierigkeiten, aber auch positive Erlebnisse in diese Kladde zu schreiben. Die Kladde wird vom Klassensprecherteam (eine Schülerin und ein Schüler) vor Beginn der Klassenratsstunde durchgesehen, damit die aufgeschriebenen Themen vorgetragen und gemeinsam erörtert werden können.

Zusätzlich hängt an der Pinnwand in der Klasse ein großer Zettel, auf dem interessante Themen notiert werden, die alle angehen und unbedingt besprochen werden müssen: zum Beispiel die Qualität des Mensa-Essens, der Klassendienst, das Karnevalsfest, der Elternsprechtag. Zu Beginn des Klassenrates wird die Reihenfolge der zu behandelnden Themen festgelegt und der Protokollant benannt.

Didaktischer Kommentar zur Differenzierung

Differenzierungsmöglichkeiten: Ausgangspunkt jeder Klassenratsstunde sind die ganz persönlichen und individuellen Probleme, Abneigungen, aber auch die Vorlieben einzelner Schüler. So hat beim Einsatz dieses Instruments des gemeinsamen Unterrichts jeder einzelne Schüler das Recht und die Chance, sich selbst darzustellen und seine Verhaltensweisen und Persönlichkeitsstrukturen im Interesse der Funktion des Ganzen selber zu hinterfragen bzw. von den anderen hinterfragen zu lassen.

Dieses differenzierte Einbringen der persönlichen Individualität ist also nicht das Inszenieren der eigenen Egozentrik, sondern steht im Dienst der Klassengemeinschaft und hat keinen anderen Zweck, als das soziale Gefüge der Klasse zu verbessern.

Schülerrolle und Lehrerrolle: Die Rolle des Lehrers beschränkt sich auf die Initiierungsphase des Klassenrats. Bei Klassen, die mit diesem Instrument noch nicht vertraut sind, wird er in der ersten Zeit die Rolle des Organisators und Moderators übernehmen müssen. Mit zunehmender Gewöhnung der Schüler an die Institution Klassenrat werden diese Funktionen mehr und mehr überflüssig.

Im selben Augenblick, in dem die Klasse erkannt hat, dass die Klassenratsstunden der Klärung ihrer ureigensten Interessen dienen, reduziert sich die Lehrerrolle auf die des bloßen Beobachters, der nur in das Gespräch eingreift, wenn er direkt von den Schülern dazu aufgefordert wird – zum Beispiel, wenn schulrechtliches oder schulorganisatorisches Expertenwissen gefragt ist. Wir haben die Erfahrung gemacht, dass die bloße physische Anwesenheit (dies aus aufsichtsrechtlichen Gründen) oftmals ausreicht, der Lehrer kann sich außerhalb des Stuhlkreises in eine Ecke des Klassenraumes setzen und anderen Tätigkeiten nachgehen.

Die Schüler lernen sukzessive, ihre eigenen Angelegenheiten demokratisch zu regeln, Gesprächsstrukturen zu entwickeln und zu akzeptieren und wechselnde Rollen und Funktionen einzunehmen.

Ein – wie wir finden – nicht unbedeutender Nebeneffekt ist die Einübung des Protokollschreibens und die Einsicht in die wichtige Funktion eines Protokolls, denn das Protokoll früherer Klassenratssitzungen wird bei neu auftretenden Kontroversen fast immer genutzt, da es gültige Beschlüsse aus der Vergangenheit dokumentiert.

Die Klassenratsstunden sind immer eine sensibel austarierte Mischung aus Selbstdarstellung/-behauptung und Kooperationswillen sowie der Bereitschaft zur Einordnung. Dieses Gleichgewicht ist labil und in den Stunden häufig gefährdet. Schafft die Klasse diese Ausbalancierung, so kann jeder Schüler eine ganze Reihe von Kompetenzen erwerben: Selbst- und Handlungskompetenz, Aufbau von Ich-Stärke innerhalb der Gruppe, Entwicklung von kommunikativer Kompetenz, Einsicht in die Sinnhaftigkeit sozialer Regeln usw.

4.3.10 Digitale Medien in der Schule

Didaktische Grundüberlegungen

Der Einsatz von und der Umgang mit digitalen Medien ist für so gut wie alle mit Schule und Unterricht Beschäftigten zur Alltäglichkeit geworden. Schülerinnen und Schüler bringen häufig umfangreiche Kenntnisse mit in die Schule, die für den Einsatz im Unterricht genutzt werden können. Wohl zum ersten Mal in der langen Geschichte der Schule befinden sich die Lehrer zumindest teilweise in der Situation, weniger zu wissen als ihre Schüler. Dies sollte uns Lehrer aber keineswegs davon abhalten, sich mit den digitalen Medien intensiv zu befassen, denn der bewusste und reflektierte Umgang ergibt sich keineswegs gleichsam „automatisch" durch z. B. häufiges

Surfen im Internet. Einen komplexen Sachverhalt nicht nur zu finden, sondern auch zu verstehen, zu analysieren und zu reflektieren – das ist die zentrale Aufgabe des digitalen Unterrichts und der zentrale Aspekt jeder Art von Medienkompetenz! Und gerade in diesem Bereich zeigen deutsche Schüler nach der ICILS-Studie (icils – international-computer-and-information-literacy-study) erhebliche Schwächen. Sie liegen im internationalen Vergleich nur im Mittelfeld und haben insbesondere im gerade beschriebenen Bereich der Medienkompetenz erhebliche Schwächen. (Ein guter Überblick über die Ergebnisse dieser Studie findet sich im Internet unter dem o. g. Stichwort).

Im Gegensatz zur „Computersteinzeit" aber sind die heute nutzbaren digitalen Unterrichtsmedien nicht mehr nur bloße technische Hilfsmittel, im Gegenteil: Smartphones, Tablets, Notebooks, Desktops und Smartboards bieten – insbesondere durch den unbeschränkten Zugang zum Internet – den Schülerinnen und Schülern die Möglichkeit, Lernziele selbstständig zu setzen, Inhalte selbst zu produzieren und den Lernerfolg selber zu kontrollieren. Diese grundsätzlich neue Dimension ist in erster Linie eine individuelle und individualisierte. Sie bietet vielfältige Chancen, enthält aber auch Risiken. (Wir erinnern an unsere Ausgangsthese zur grundsätzlichen Überlegenheit des Lernens in der Gemeinschaft, vgl. S. 41)

Digitale Medien wie Lernprogramme, Lernplattformen und Informatiksysteme ermöglichen den Schülerinnen und Schülern grundsätzlich (aber keineswegs „automatisch" s. o.), eine eigene, individuelle Lernwelt zu konstruieren, neue Inhalte zu erarbeiten, alte zu vertiefen und den Lernfortschritt zu kontrollieren.

Hilbert Meyer (2018, 22 f.) präzisiert diesen Ansatz in fünf Dimensionen:

1. „Die digitalen Medien erlauben eine weitgehende Individualisierung der Lernprozesse.
2. Lernaufgaben können präzise an den von der Software erfassten Lernstand angedockt werden. Der Lernerfolg kann ebenso präzise gemessen werden.
3. Umfang und Niveau der Selbststeuerung der Lernprozesse können in Eigenregie der Schüler oder nach Vorgabe der Lehrperson über die Software gesteuert werden.
4. Die Lehrperson wird zur Moderatorin der individualisierten Lernprozesse. Die Direkte Instruktion verschwindet nicht vollständig, verliert aber deutlich an Gewicht.

5. Eine vorbereitete Lernumgebung, in der die Spielregeln digitalisierten Lernens verbindlich festgelegt werden, hilft den Schülern, die neuen Medien angemessen zu nutzen und die Risiken des Missbrauchs zu verringern."

Praxisideen

In dem folgenden Abschnitt zeigen wir punktuell auf, wie digitale Medien in der Schule eingesetzt werden können:

- Einzelne Schüler können Audiodateien per MP3-Player mit Kopfhörer erhalten, um ruhig für sich zu lernen.
- In den Fächern des sprachlichen Aufgabenfeldes können Schüler ihren eigenen Handyfilm drehen, in dem sie z. B. Perspektiven radikal ändern. So gewinnen sie einen völlig neuen Blick auf ihr gewohntes Umfeld.
- Besonders im naturwissenschaftlichen Bereich gibt es eine breite und qualitativ gute Vielfalt an Apps, durch die man entsprechende Messinstrumente gut ersetzen kann. Ein Beispiel ist der „Spectral Audio Analyzer", mit dem man Spektren akustischer Signale darstellen lassen kann.
- Statt der bei vielen Politik-Lehrern zum Standardrepertoire gehörenden „Presseumschau" können die Schüler eine Smartphone-Recherche als thematischen Einstieg vornehmen: Sie sammeln also nicht Zeitungsberichte zu einem bestimmten Thema, sondern Fotos, Videos, online veröffentlichte Textbeiträge etc., die dann gemeinsam gesichtet und diskutiert werden.
- Es können erklärende Videos in Kleingruppenarbeit zu einzelnen Themenbereichen selbst hergestellt werden: Möglich sind z. B. abgefilmte Zeichnungen, thematische Landkarten etc. Wie genau die Schüler das Thema aufbereiten, bleibt ihnen überlassen.
- Lyrik zum Hören: Die Schüler probieren anhand von Selfie-Kurzfilmen mit dem Smartphone aus, wie unterschiedlich sich ein und dasselbe Gedicht betonen lässt und welche inhaltlichen Effekte daraus entstehen.
- Virtuelle Erkundigungen von Orten und Schauplätzen mit Google Maps und Streetview – das ist nicht nur im Geographieunterricht faszinierend.
- Es können Kurzinterviews und Umfragen mithilfe des Smartphones durchgeführt werden. Allerdings braucht man dafür die schriftliche Einverständniserklärung jedes Interviewten!
- Wechselnde Aufsatzbeiträge: Jeder Schüler ist für einen speziellen Themenbeitrag für eine Unterrichtsstunde verantwortlich. Der Lehrer erstellt einen Plan und gibt Zeitvorgaben. Der Vorteil gegenüber „norma-

len“ Referaten ist: Der Lehrer kann den vorher per E-Mail erhaltenen Beitrag beurteilen, evtl. kommentieren und gegebenenfalls an die gesamte Klasse verteilen.

- Social Media Stimmungsbarometer: Die Schüler sollen bis zu einem bestimmten Zeitpunkt gezielt registrieren, was in den sozialen Netzwerken zu einem bestimmten Thema gepostet wird. Das regt die Schüler u.a. dazu an, auch vermeintlich Harmloses zu hinterfragen.
- Neben den kleinen, schnellen Einsatzmöglichkeiten können Sie natürlich auch umfassender an die Sache herangehen – z. B. mit einem Stationenlernen via Notebook, wenn Sie eine Notebook-Klasse haben. So gewinnen die Schüler schnell Routine beim selbstständigen Arbeiten mit Online-Quellen. Der Vorteil des digitalen Stationenlernens über Angebote an Laptops, Tabletts etc. gegenüber dem analogem Stationenlernen liegt zum einen in der Vielfalt der möglichen Materialien wie Podcasts, Erklär-Videos, Simulationen etc., zum anderen in der Möglichkeit, zu einzelnen Stationen direkt online zu recherchieren.

Nachwort

Die Hitze des Tages hat sich gelegt. Auf der Piazza Navona beginnt der Abend, die Touristen werden weniger und die Römer nehmen ihren Platz wieder in Besitz. Sie verlassen ihre Wohnungen und Fernseher, ihre Büros und Computer. Mütter mit Kindern, Rentner und Arbeiter, Straßenkünstler. Der Kellner der kleinen Bar schaut fasziniert dem roten Ferrari nach, der aus der Via Veneto kommend versucht, die Piazza zu queren. „Bella macchina!"

Die ersten Lichter gehen an und der Platz wird zur Bühne: Jeder stellt sich dar, jeder schaut zu! Wer in diesen Zauberkreis einer römischen Piazza tritt, verlangsamt seinen Schritt, lässt die Blicke schweifen und wird Darsteller und Zuschauer in einer Person – so wie wir auch.

Ein schönes Gefühl, in Rom angekommen zu sein. Auf unserer Reise auf der „Via Roma" mussten wir Berge überwinden, in tiefe Täler steigen, uns in dunklen Höhlen zurechtfinden, im Nebel auf dem rechten Weg bleiben …

Mein Gegenüber unterbricht mich in meinen Gedanken: „Da kommt der Hauptdarsteller!", und zeigt auf die Mitte der Piazza Navona. Eben besteigt er seine Bühne – einen erhöhten Kreis von der Größe eines Quadratmeters. Die Bewegungen seiner Arme fließen aus den Schultern bis in die Fingerspitzen. Mal faltet er die Hände wie flehend, mal hebt er sie hoch über seinen Kopf wie zum Fluch. Er spreizt sie, die Handflächen nach außen gedreht – in Hüfthöhe zur typisch römischen Geste: „Was willst du? Wo willst du hin?"

Jetzt unterbricht er seine Choreographie, deren Eleganz noch durch die blütenweißen Handschuhe unterstrichen wird, und die hoch erhobene Linke lässt den gesamten Verkehr innehalten. Mit dem Zeigefinger der Rechten deutet er auf den roten Ferrari und gewährt ihm allein die freie Fahrt. „Bella macchina!"

Der Kellner bringt uns den Cappuccino, genüsslich löffeln wir die Crema und wissen: Wir sind im Zentrum angekommen – auf der Piazza.

Und wird nicht zuletzt jeder noch so langwierige, steinige und mühsame Weg zur „Via triumphalis", wenn er zum Ziel führt?!

Literatur

AEBLI, HANS (1994): Zwölf Grundformen des Lehrens. Stuttgart: Klett-Cotta

ADELMANN, M. (2007): Lesetechniken und Leseförderung in der Schule – Individuelle Förderung von Lernstrategien: Individualisierte Förderansätze im Unterricht. München: GRIN Verlag

ARNDT, ANN-KATHRIN / WERNING, ROLF (2015): Inklusion als Anlass zur schulweiten Unterrichtsentwicklung, in: ROLFF, HANS-GÜNTER (Hrsg.): Handbuch Unterrichtsentwicklung. Weinheim/Basel: Beltz

BECKER, GEROLD (2004): Regisseur, Meisterdirigent, Dompteur? Die Sehnsucht nach „gleichen Lernvoraussetzungen" hat Gründe. In: Friedrich Jahresheft 2004, 10–12

BECKER, GEROLD (Hrsg.) (2004): Friedrich Jahresheft: Heterogenität. Unterschiede nutzen – Gemeinsamkeiten stärken – kooperativ arbeiten. Seelze: Friedrich

BOBAN, INES / HINZ, ANDREAS (Hrsg.) (2003): Index für Inklusion. Lernen und Teilhabe in Schulen der Vielfalt entwickeln. Halle (Saale): Martin-Luther-Universität Halle-Wittenberg FB Erziehungswissenschaften

BÖNSCH, MANFRED (2006): Intelligente Unterrichtsstrukturen. Eine Einführung in die Differenzierung. Baltmannsweiler: Schneider-Verlag Hohengehren

BÖNSCH, MANFRED (Hrsg.) (2006): Selbstgesteuertes Lernen in der Schule. Praxisbeispiele aus unterschiedlichen Schulformen. Braunschweig: Westermann

BÖNSCH, MANFRED (2006): Intelligente Unterrichtsstrukturen. Eine Einführung in die Differenzierung. Baltmannsweiler: Schneider-Verlag Hohengehren

BÖNSCH, MANFRED (2011): Erfolgreicheres Lernen durch Differenzierung im Unterricht. Baltmannsweiler: Schneider-Verlag Hohengehren

BOHL, THORSTEN / BÖNSCH, MANFRED / TRAUTMANN, MATTHIAS / WISCHER, BEATE (2012): Binnendifferenzierung: Teil 1: Didaktische Grundlagen und Forschungsergebnisse zur Binnendifferenzierung im Unterricht. Immenhausen: Prolog-Verlag

BOHNSACK, FRITZ (2013): Wie Schüler die Schule erleben. Opladen/Berlin/Toronto: Budrich

BOLLER, SEBASTIAN / ROSOWSKI, ELKE / STROOT, THEA (Hrsg.) (2007): Heterogenität in Schule und Unterricht. Handlungsansätze zum pädagogischen Umgang mit Vielfalt. Weinheim/Basel: Beltz

DIEHL, REINER / PETILLIOT-BECKER, ILSE (2010): Lernen an Stationen in der Sekundarstufe 1. Englisch: London. Berlin: Cornelsen Scriptor

DICKINSON, CHRIS / WATERHOUSE, PHILIP (2005): Lehren und Lernen optimieren. Mühlheim/Ruhr: Verlag an der Ruhr

DIEPOLD, SIGA (Hrsg.) (2006): Die Fundgrube für Klassenlehrer. Berlin: Cornelsen Scriptor

Döbert, Hans (2003): Merkmale der bei PISA erfolgreichen Schulsysteme. Ein vertiefender Vergleich der Schulsysteme ausgewählter PISA-Teilnehmerstaaten. In: Pädagogik, Heft 11, 47–50

Dräger, Jörg / Müller-Eiselt, Ralph (2017): Die Digitale Bildungsrevolution. Der radikale Wandel des Lernens und wie wir ihn gestalten können. München: Deutsche Verlagsanstalt

Ehlers, Gisela (2008): Schulinternes Fachcurriculum – Englisch, Schwerpunkt Jahrgänge 5/6. IQSH-Publikation

Gallin, Peter / Ruf, Urs (1998): Sprache und Mathematik in der Schule. Auf eigenen Wegen zur Fachkompetenz. Seelze: Kallmeyer

Goethe, Johann Wolfgang von, in: Frankfurter Gelehrten Anzeigen, 1772

Greving, Johannes / Paradies, Liane (1996): Unterrichts-Einstiege. Berlin: Cornelsen Scriptor (Neubearbeitung 2018)

Groeben, Annemarie von der (2008): Verschiedenheit nutzen. Besser lernen in heterogenen Gruppen. Berlin: Cornelsen Scriptor

Hass, Frank (2008): „Keiner wie der andere. Im differenzierenden Unterricht Lernprozesse individualisieren". In: FU Englisch, Heft 94, 2–8

Hass, Frank (2008): „Auf unterschiedliche Weise schlau werden – Intelligenzprofile im Lernprozess berücksichtigen". In: FU Englisch, Heft 94, 30–34

Hattie, John A. C. (2014): Lernen sichtbar machen für Lehrpersonen. Überarbeitete deutschsprachige Ausgabe von „Visible learning for Teachers", besorgt von Wolfgang Beywl und Klaus Zierer. Baltmannsweiler: Schneider-Verlag Hohengehren

Heine, Heinrich (1823): Almansor, Kapitel 2. Berlin: Dümler

Helmke, Andreas: Individualisierung: Hintergrund, Missverständnisse, Perspektiven. In: Zeitschrift Pädagogik Heft 2/2013

Hentig, Hartmut von (1985): Die Menschen stärken – die Sachen klären. Stuttgart: Reclam

Hirschmann, Anja / Sundheim, Martina (2006): Eine Handreichung für die Praxis im Umgang mit den unterschiedlichen Profilen hochbegabter Kinder. Band 3 aus der Reihe Begabtenförderung – Praxisberichte des ICBF Münster/Nijmegen. Berlin/Münster: Lit

Karbe, Ursula / Kuty, Margitta (2007): Lernen an Stationen in Klasse 5. In: Praxis Fremdsprachenunterricht Heft 4, 45–49

Klein-Landeck, Michael (2008): Fundgrube für die Freiarbeit Englisch. Donauwörth: Auer

Klippert, Heinz (2014): Heterogenität im Klassenzimmer: Wie Lehrkräfte effektiv und zeitsparend damit umgehen können. Weinheim/Basel: Beltz

Kösel, Edmund (1993): Die Modellierung von Lernwelten: Ein Handbuch zur subjektiven Didaktik. Elztal-Dallau: Laub

Kunze, Ingrid / Solzbacher, Claudia (2008): Individuelle Förderung in der Sekundarstufe I und II. Baltmannsweiler: Schneider-Verlag Hohengehren

Lankau, Ralf (2017): Kein Mensch lernt digital. Über den sinnvollen Einsatz neuer Medien im Unterricht. Weinheim/Basel: Beltz

Mayer-Schönberger, Viktor / Cukier, Kenneth (2016): Big Data. Die Revolution, die unser Leben verändern wird. München: Redline-Verlag

Meyer, Hilbert (1987): Unterrichtsmethoden. 2 Bände. Berlin: Cornelsen Scriptor

Meyer, Hilbert (1997): Schulpädagogik Bd. I. Berlin: Cornelsen Scriptor

Meyer, Hilbert (2001): Türklinkendidaktik. Berlin: Cornelsen Scriptor

Meyer, Hilbert (2007): Leitfaden zur Unterrichtsvorbereitung. Berlin: Cornelsen Scriptor

Meyer, Hilbert (2015): Unterrichtsentwicklung. Berlin: Cornelsen Scriptor

Meyer, Hilbert (2017): Unterrichtsqualität in der digitalen Welt. INFOS 2017: Carl von Ossietzky Universität Oldenburg

Meyer, Hilbert (2018): C. v. O. Universität Oldenburg: Handout zum Eröffnungsvortrag „Wohin geht die Reise?“ Pädagogische Woche Oldenburg

Morgenstern, Christian (1918): Stufen: Eine Entwickelung in Aphorismen und Tagebuch-Notizen. Hrsg. von Margareta Morgenstern. München: R. Piper & Co.

Müller, Angelika / Scheller, Ingo (1993): Das Eigene und das Fremde. Szenisches Spiel als Lernform. Carl von Ossietzky Universität Oldenburg

Müller-Hartmann, Andreas / Schocker-von Ditfurth, Marita (2006): Basisartikel: „Aufgaben bewältigen. Weg und Ziel des Fremdsprachenunterrichts“. In: FU Englisch, Heft 84, 2–11

Patschkowski, Mirja (2007): Innere Differenzierung des Unterrichts mit besonderer + hochbegabter Schülerinnen und Schüler. München: GRIN Verlag

Peterßen, Wilhelm H. (1999): Kleines Methoden-Lexikon. München: Oldenbourg

Prengel, Annedore (2011): Lern- und Förderplanung in inklusiven Schulen – Grundlagen, praktikable Instrumente, Ausblick. Skript zum Vortrag, Bremen

Radatz, Hendrik / Rickmeyer, Kurt (2005): Aufgaben zur Differenzierung im Mathematikunterricht der Grundschule. Hannover: Schroedel-Schulbuchverlag

Rautenhaus, Heike (2007): Differenzierung und Individualisierung. In: Bausch, Karl-Richard (Hrsg.): Handbuch Fremdsprachenunterricht. Tübingen/Basel: Francke, 211–213

Realschule Enger (2001): Lernkompetenz, zwei Bände. Berlin: Cornelsen Scriptor

Realschule Enger (2009): Lernkompetenz: Englisch, Französisch. Bausteine für das 5. bis 10. Schuljahr. Berlin: Cornelsen Scriptor

Reusser, K. / Stebler, R./Mandel, D. (2015): Heterogene Lerngruppen unterrichten – maßgeschneiderte Angebote für kompetenzorientiertes Lernen. In: Villiger, C. / Trautwein, U. (Hrsg.): Zwischen Theorie und Praxis. Ansprüche und Möglichkeiten in der Lehrer(innen)bildung. Münster/New York: Waxmann, 223–242

Schlömerkämper, J. (1974): Lernen im wahldifferenzierten Unterricht. Frankfurt/M.: Athenäum-Fischer-Taschenbuch-Verlag

Scholz, Ingvelde (2012): Das heterogene Klassenzimmer: Differenziert unterrichten. Göttingen: Vandenhoek & Ruprecht

Schumann, Brigitte: Inklusion: Eine Verpflichtung zum Systemwechsel; Deutsche Schulverhältnisse auf dem Prüfstand des Völkerrechts. In: Zeitschrift Pädagogik 2/2009, 51–53

Sorrentino, Wencke / Linser, Hans Jürgen / Paradies, Liane (2009): 99 Tipps: Differenzieren im Unterricht. Berlin: Cornelsen Scriptor

Stascheit, W. (2007): Was ist Portfolio-Arbeit? Mühlheim/Ruhr: Verlag an der Ruhr

Terhart, Ewald (2015) Heterogenität der Schüler–Professionalität der Lehrer: Ansprüche und Wirklichkeiten. In: Fischer, C. / Weber, M. u. a. (Hrsg.): Umgang mit Vielfalt. Münster/New York: Waxmann

Trautmann, Matthias / Wischer, Beate (2011): Heterogenität in der Schule – Eine kritische Einführung. Wiesbaden: VS-Verlag

Werning, Rolf (1998): Konstruktivismus: Eine Anregung für die Pädagogik. In: Zeitschrift Pädagogik 7–8, 39–41

Wiechmann, Jürgen (Hrsg.) (1999): Zwölf Unterrichtsmethoden. Vielfalt für die Praxis. Weinheim/Basel: Beltz

Zekl, Claudia (2005): Englisch, Offenes Lernen mit innerer Differenzierung für 14- bis 16-Jährige. Linz: Veritas

Register

Z